Fokus Deutsch

Corinna Schicker

Kathy Nourse

Oxford

Oxford University Press, Great Clarendon Street,
Oxford OX2 6DP

Oxford New York
Athens Auckland Bangkok Bogota Bombay
Buenos Aires Calcutta Cape Town Dar es Salaam
Delhi Florence Hong Kong Istanbul Karachi
Kuala Lumpur Madras Madrid Melbourne
Mexico City Nairobi Paris Singapore
Taipei Tokyo Toronto

and associated companies in
Berlin Ibadan

Oxford is a trade mark of Oxford University Press

© Corinna Schicker and Kathy Nourse 1997
First published 1997

ISBN 0 19 912111 7

Printed by G. Canale & C. S.p.A, Italy

Acknowledgements
The authors and publishers would like to thank the following
for their help and advice: Sheila Brighten at the Chantry
High School and Sixth Form Centre, Ipswich, Stuart
Glover, Colin Humphrey and teachers of German at George
Abbott School, Guildford, Annette Winkelmann, Frances
Reynolds, and Rachel Woods.

The publishers would like to thank the following for
permission to reproduce photographs:

Ace Photo Agency pp.15 (top left), 90 (top right); Ace Photo
Agency/Auschromes p.86 (left); Ace Photo Agency/Mauritius
p.108; Bildarchiv fur das Post-und Femmrldewesen p.70;
John Brennan pp.9, 11 (top right), 29, 35, 41, 47 (left), 48,
58 (bottom left & bottom right), 60 (right), 62 (top), 64
(top left & middle right), 78, 100 (top), 132; Britstock-IFA
pp.90 (top left), 88 (bottom); Britstock-IFA/T Schanz p.47
(middle); Britstock-IFA/Gunter Graedenhain pp.91 (main),
88 (top), 89; Britstock-IFA/Thomas Rinke p.173 (bottom
left; Britstock-IFA/H Shmidbauer p.173 (bottom right);
Britctock-IFA/Schmitt p.88 (middle); Britstock-IFA/Steffl
p.173 (top left); Britstock-IFA/Zacharnack p.153; Deutsche
Bundesbahn pp.58 (top left), 98; Pauline Cutler p.83;
Eurostar (UK) Ltd operators of the UK arm of Eurostar,
international high speed passenger service p.98 (bottom
right); The Image Bank p.118; The Image Bank/Don Klumpp
p.128 (left); The Image Bank/Renzo Mancini p.159; The
Image Bank/Steve Weindorf p.128 (right); The Image Bank/
David Vance p.167 (top); The Kobal Collection p.74 (left &
middle); Lufthansa p.98 (top left); Sabine Oppenlander
Associates pp.64 (top right), 72 (top), 130 (middle right);
Sabine Oppenlander Associates/R Johns pp.64 (bottom left),
102 (middle); Sabine Oppenlander Associates/Henkelmann/
Ernst Voller p.130 (top right); Q.A. Photos p.98 (top right);
Rex Features Ltd pp.20, 119; 133, 135; David Simson pp.15
(bottom middle), 21 (f), 145; Schulz Verlag-Hamburg p.102
(left); Martin Sookias p.47 (right); Stena Line Ltd p.98
(bottom left); Jaffrey Tabberner pp.103, 130 (top left, middle
& right & bottom right); Zefa Pictures pp.72 (bottom), 95,
102 (bottom right); Zefa Pictures/Damm p.90 (bottom);
Zefa Pictures/ALEX p.94; Zefa Pictures/Brakefield p.173
(top right); Zefa Pictures/Rettinghaus p.136; Zefa Pictures/
Stockmarket/R Kaufman p.129.

Front cover photograph by Tony Stone Images.

All other photographs are by Gordon Hillis

The illustrations are by Kathy Baxendale pp.21, 29, 41, 47,
107, 125, 133, 141, 151; Phillip Burrows pp.7, 24, 37, 82,
106, 110, 111, 115, 121, 132, 148; Stefan Chabluk pp.13, 16,
26, 30, 35, 38, 47, 52, 53, 54, 55, 60, 61, 63, 65, 88, 92,
111, 113, 129, 131, 140; Mark Dobson pp.28, 34, 35, 48, 49,
50, 66, 85, 99, 155; Alison Everitt pp.10, 19, 20, 124, 126,
138; Lorraine Harrison pp.78, 152, 153; Ofczarek pp.109,
163; Bill Piggins pp.24, 25, 38, 59, 69, 73, 83, 95, 97, 105;
Martin Shovel pp.11, 18, 22, 44, 97, 116, 125, 126, 142, 143,
162; Tim Slade pp.26, 40, 56, 57, 70, 71, 101, 104, 105,
146; Simon Smith pp.8, 42, 43, 76, 84, 107, 146; Russell
Walker pp.22, 32, 91, 160; Shaun Williams pp.12, 33, 42, 43,
61, 81, 99, 116, 117, 140, 149, 164.

Cartoon used from Redaktion Juma, illustrated by Jasmine
Khezri p.136

The recordings were made by Lynne Brackley for Prolingua at
Studio AVP, London. OUP gratefully acknowledges the
contribution made by all the actors, including the students
from the German School, London.

The publishers would also like to thank the following for
permission to reproduce copyright material:
Bravo Girl; Chaussee Optik; China-Restaurant Südportel;
Comfort Aparthotel Berlin; Der Kölner Stadt-Anzeiger;
Erich Starsinski; Gasthof Zweinaundorf; Grillstube Meyer
und König; Hotel Landhaus Alpina; Hotel Panorama; JUMA
(Das Jugendmagazin); KAFU; Mädchen; PC 69; Ronsdorfer
Rockprojekt; Senator Film; Stern TV Magazin; Wertkauf;
Wiener Tourismusverband.

Every effort has been made to contact copyright holders
of material reproduced in this book. Any omissions will be
rectified in subsequent editions if notice is given to the
publisher.

Inhalt

Welcome to **Fokus Deutsch**. We wrote this course not only with your examination, but very much with you, in mind. The four modules take you systematically through the four topic areas of your GCSE examination, and help you develop your listening, speaking, reading and writing skills to a high level. You get an opportunity to revise work done in earlier years, but there is also plenty of new language and topics, ranging from the straightforward to the more challenging. Here is an outline of the way the course works:

- The main themes are broken up into four-page units.

- Each unit has a variety of activities to encourage you to listen, speak, read and write German with confidence.

- There is a wealth of recorded material on the cassettes; these are intended mainly for work in class but, if your school has the facilities, you can make a personal copy of these to work from on your own.

- In the *Grammatik* sections you are given practice exercises which enable you to check you understand the most important grammatical points.

- In the *Extra* sections, you are given tips on how to develop your listening, speaking, reading and writing skills, as well as study skills and dictionary work.

- Also, there are supplementary worksheets to help you build up your vocabulary and attempt more challenging tasks.

- In the *Projekte*, you work with your classmates on the preparation and presentation of more ambitious projects, bringing all your skills together in more extended work.

- The grammar reference section provides a summary of all the main points of grammar that you will need for your examination.

- The *Wortschatz* provides a quick reference section and complements your dictionary work.

The symbols used in the course are as follows:

 = pair-work symbol

 = listening item symbol

The tasks in **Fokus Deutsch** will prepare you well for your examination, but we hope that you'll find them interesting in their own right. To do well in this subject, you'll need to work hard; we are confident that this course will guide you through the work and help you get the best out of your efforts.

Viel Glück und viel Erfolg!

1 Hallo, wie geht's? •••••••••••••••••••

❶ Begrüßungen

 Hör zu! Wähle das passende Bild und schreib den Text!

Beispiel: 1 = c (*Guten Abend!*)

a A_ _ Wi_d_ _s_ _ _n!

b G_t_ _ T_ _!

c _u_en A_ _ _d!

d G_t_ _a_h_!

Hallo!	Guten Abend!	Auf Wiedersehen!
Grüß Gott!	Gute Nacht!	Bis später!
Guten Tag!	Tschüs!	

❷ Das deutsche ABC

BUCHSTABIEREN	
A = ah	N = enn
B = beh	O = oh
C = tseh	P = peh
D = deh	Q = koo
E = eh	R = err
F = eff	S = ess
G = geh	T = teh
H = hah	U = oo
I = ee	V = fow
J = yot	W = veh
K = kah	X = iks
L = ell	Y = oopsilon
M = emm	Z = tsett
ä, ö, ü	ß = ess-tsett

Kopiere die Tabelle! Hör zu! Schreib die Namen auf!

Vorname	Nachname
Martin	GROHER

Beispiel: 1

Wie heißt du?/Wie ist dein Name?
Wie heißen Sie?/Wie ist Ihr Name?

Ich heiße...
Mein Name/
Vorname/Nachname/
Familienname ist...

Wie schreibt/buchstabiert man das?

3 Partnerarbeit

a Buchstabiert eure Namen!

Beispiel: **A** *Wie heißt du?*
B *Ich heiße Julia Brown.*
A *Wie schreibt man das?*
B *J-U-L-I-A B-R-O-W-N.*

b Buchstabiert diese deutschen Namen!

Florian Kellner

Verena Neitz

Andreas Buchholz

Katja Steffen

4 Frau Optimist und Herr Pessimist

Lies die Sätze! Sind sie richtig oder falsch?
Korrigiere die falschen Sätze!

1 Am Montag geht es Frau Optimist gut.
2 Am Montag geht es Herrn Pessimist nicht gut, weil er Kopfschmerzen hat.
3 Am Dienstag geht es Frau Optimist sehr gut, weil sie gut geschlafen hat.
4 Am Mittwoch geht es Herrn Pessimist schlecht, weil er Bauchschmerzen hat.
5 Am Donnerstag geht es Herrn Pessimist besser, weil morgen Freitag ist.
6 Am Freitag geht es Frau Optimist wirklich schlecht, weil sie mit Herrn Pessimist Schluß macht.

Wie geht es dir/Ihnen?

Es geht mir sehr gut, weil ich gut geschlafen habe.
Es geht mir schlecht, weil ich Kopfschmerzen habe.

5 Partnerarbeit

Seht die Bilder an! Macht Dialoge!

Beispiel: **A** *Bild B!*
B *Wie geht es Ihnen?*
A *Nicht gut, weil ich Bauchschmerzen habe.*

A (du)   B (Sie)   C (du)

Wir lernen uns besser kennen • • • • • • • • • • • •

6 Die Zahlen

Hör zu! Wähle die passende Zahl!

Beispiel: 1 = *38*

1 38 oder 39?	**4** 77 oder 74?	**7** 1968 oder 1969?
2 43 oder 42?	**5** 1900 oder 1800?	**8** 1901 oder 1910?
3 50 oder 51?	**6** 1700 oder 1600?	**9** 1985 oder 1986?

7 Wann hast du Geburtstag?

a Verbinde die Sätze mit den Daten!

Beispiel: 1 = *b*

1 Ich habe am zwölften Oktober Geburtstag.
2 Ich habe am fünfundzwanzigsten Januar Geburtstag.
3 Ich habe am ersten März Geburtstag.
4 Ich habe am dritten Juni Geburtstag.

b Ergänze die Sätze!

1 Ich habe am siebten _____ Geburtstag.
2 Ich habe am _____ April Geburtstag.
3 Ich habe am _____ _____ Geburtstag.

c Schreib Sätze!

8 Und wann haben diese Leute Geburtstag?

Hör zu und mach Notizen!

Jahr	Geburtsdatum	Geburtsort
1970	5. November	Flensburg (Norddeutschland)

Wann	bist du/sind Sie geboren?	Ich bin	im Jahr(e) …	geboren.
Wo			in …	
Wann hast du/haben Sie Geburtstag?		Ich habe am …(s)ten … Geburtstag.		
Welche Nationalität/Staatsangehörigkeit hast du/haben Sie?		Ich bin	Engländer/Engländerin. Deutscher/Deutsche. Schotte/Schottin. Ire/Irin. Waliser/Waliserin.	

⑨ Wie viele Fehler?

 a Hör zu! Lies dann das Formular! Was ist nicht richtig? Korrigiere die falschen Details!

Nachname: *NEITZ*

Vorname: *VERENA*

Alter: *15*

Geburtsdatum: *05.08.85*

Geburtsort: *Hannover*

Staatsangehörigkeit: *Deutsche*

Adresse: *Neustädterstraße 38*
30615 Altdorf

Telefonnummer: *03251 63 54 73*

b Schreib ein Formular für dich selbst!

⑩ Partnerarbeit

 Macht Interviews! Macht Notizen!

Beispiel: **A** *Wie heißt du mit Nachnamen?*
B *Ich heiße JONES.*
A *Wie schreibt man das? …*

2 Meine Familie ••••••••••••••••••••••

① Hochzeitsfoto

a Hör zu! Verbinde die Beschreibangen mit den Personen!

Beispiel: 1 = *c*

a mein Bruder
(der ältere Zwillingsbruder)
b mein Bruder
(der jüngere Zwillingsbruder)
c meine Tante
d mein Onkel
e meine Mutter
f meine Großmutter
g mein Großvater
h meine Stiefschwester
i mein Stiefvater

b Hör nochmal zu! Ergänze die Sätze!

1 Meine Mutter _____ vierzig Jahre alt.
2 Meine Großmutter _____ _____ Jahre alt.
3 Meine Tante _____ Angeliki.
4 Mein Onkel _____ ein griechisches _____.
5 Mein Bruder Martin _____ fünfzehn Minuten _____ als mein Bruder Tobias.

② Partnerarbeit

A wählt ein Foto und beschreibt die Person. **B** sagt welches Bild das ist.

Beispiel: **A** *Sie hat blonde kurze Haare. Sie trägt eine Brille. Sie ist jung…*

Er/Sie	hat	… Haare. … Augen.	Er hat	eine Glatze. einen Schnurrbart.
	trägt	eine Brille/Ohrringe.		
	ist	ziemlich sehr	alt/jung/groß/klein.	

❸ Wer ist wer?

Verbinde die Bilder mit den richtigen
Berufen!

Arzt/Ärztin
Bauer/Bäuerin
Beamter/Beamtin
Fabrikarbeiter/-in
Kassierer/-in
Kellner/-in
Lehrer/-in
Metzger/-in
Polizist/-in
Programmierer/-in
Rentner/-in
Sekretär/-in

❹ Was sind sie von Beruf?

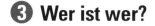 Fünf junge Deutsche sprechen.
Hör zu und mach Notizen!

	Beruf des Vaters	Beruf der Mutter
1	Bankangestellter	Verkäuferin
2		

❺ Gruppenarbeit

Eine Person macht eine Pantomime von
einem Beruf. Die Gruppe rät den Beruf.

Beispiel:

Pilot?

Haustiere ●

6 **Auf dem Bauernhof**

 Hör zu! Verbinde die Bilder mit den Wörtern!
Hör nochmal zu! Welche Tiere sind auf dem
Tonband, aber nicht in den Fotos?
Schreib eine Liste!

Beispiel: *der Hund, …*

die Katze
die Maus
die Kuh
der Hamster

7 **Angst vor Tieren und Allergien**

 Hör zu! Verbinde die Bilder mit den Sätzen!

Beispiel: 1 = *b*

1 Ich habe Angst vor Hunden.
2 Ich habe Angst vor Spinnen.
3 Ich habe eine Allergie gegen Katzen.
4 Ich hasse Mäuse, aber ich liebe meine Katze.
5 Ich habe eine Allergie gegen Nüsse.

⑧ Gute Austauschpartner?

 Hör zu! Schreib 1–4! Markiere mit ✓, wenn sie zueinander passen. Markiere mit ✗, wenn nicht, und nenn den Grund!

Beispiel: 1 ✗, weil sie eine Maus hat.

1
Haustiere:
Ich habe eine Katze.

Allergien/Probleme:
Ich habe Angst vor Mäusen. Ich hasse Spinnen.

2
Haustiere:
Ich habe einen Hund.

Allergien/Probleme:
eine Allergie gegen Katzen

3
Haustiere:
keine Haustiere

Allergien/Probleme:
Ich habe Angst vor Schlangen. Ich habe eine Allergie gegen Staub.

4
Haustiere:
Ich habe eine Schildkröte.

Allergien/Probleme:
Ich habe Angst vor Pferden, aber ich liebe Hunde.

⑨ Umfrage

Stell diese Fragen an deine Klassenkameraden!

- Hast du Haustiere?
- Hast du Angst vor einem Tier?
- Hast du eine Allergie?

Zeig die Resultate in einem Diagramm oder in einer Tabelle!

Beispiel:
- ▨ Angst vor Hunden
- ▨ Angst vor Spinnen
- ▨ Angst vor Pferden
- ▨ Angst vor Vögeln
- ▨ Angst vor Fliegen

⑩ Hörübungen

 a Hör zu! Beantworte die Fragen in ganzen Sätzen!

1 Wie heißt sie?
2 Wo wohnt sie?
3 Wie alt ist sie?
4 Wo ist sie geboren?
5 Wann ist sie geboren?
6 Wie ist ihre Telefonnummer?
7 Hat sie Geschwister?
8 Hat sie Haustiere?

b Lies die Sätze! Hör zu! Sind die Sätze richtig oder falsch? Korrigiere die falschen Sätze!

1 Er hat am sechsten Mai Geburtstag.
2 Seine Telefonnummer ist 56 84 739.
3 Er ist in Italien geboren.
4 Er hat eine Katze.
5 Seine Eltern sind geschieden.
6 Er hat braune, kurze, glatte Haare.
7 Seine Mutter ist arbeitslos.
8 Er hat eine Allergie gegen Nüsse.

⑪ Mündliche Übung

- Beschreib einen Schüler/eine Schülerin!
- Beschreib einen Lehrer/eine Lehrerin!

Die Klasse muß raten, wer das ist.

Beispiel: *Diese Person ist ein Schüler. Er hat kurze, blonde Haare und trägt eine runde Brille. Er ist groß und schlank. Er wohnt in Newtown und hat eine jüngere Schwester.*

3 Meine Schule ••••••••••••••••••••••••

1 Beschreibung der Schule

 Hör zu! Wähle das passende Bild, **a** oder **b**!

Beispiel: 1 = *a*

 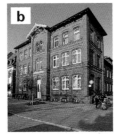  

> Meine Schule ist groß/klein.
> Sie ist modern/alt.
> Sie liegt in der Stadt/auf dem Land.
> Meine Schule ist gemischt/nur für Mädchen (Jungen).
> Die meisten Schüler sind fleißig/faul.
> Die Lehrer sind nett/unfreundlich.
> Die Schule ist ein Gymnasium/eine Gesamtschule/eine Privatschule.

2 Partnerarbeit

A beschreibt eine Schule in **Übung 1**. **B** beschreibt eure eigene Schule.

Beispiel: *Meine Schule ist groß und liegt in der Stadt...*

3 Ein Quiz

Lies die Sätze! Finde die passenden Schulfächer!
Kopiere und ergänze die Sätze!

Beispiel: **1** Ich mag **Naturwissenschaften**, weil ich Physiker werden möchte.

1 Ich mag N_ _ _ _ _ _ _ _ _ s_ _ _ _ _ _ ,
weil ich Physiker werden möchte.

2 Ich finde F_ _ _ _ _ _ _ _ h interessant,
weil ich im Ausland arbeiten möchte.

3 D_ _ _ s_ _ ist toll, weil ich gern lese.

4 Ich mag _ _ t_ e, weil Zahlen mich
faszinieren.

5 Ich mag K_ _ _ _ gern, weil ich gut
zeichnen kann.

6 _ _ s_ _ gefällt mir, weil ich gern im
Schulchor singe.

7 _ e_ _ i_ _ _ ist interessant, weil ich
gern etwas über alte Zeiten lerne.

8 _ _ _ _ _ _ _ _ _ k gefällt mir, weil ich
gern programmiere.

❹ Ich kann es... Ich kann es nicht!

Fünf junge Deutsche sprechen. Hör zu und mach Notizen!

Beispiel: 1

Mein bestes Fach	Gründe	Mein schlechtestes Fach	Gründe
Englisch	mag Fremdsprachen 3 x in Großbritannien	Mathe	kompliziert

> Ich bin sehr schwach in...
> Ich finde... kompliziert.
> Das interessiert mich nicht.
> Das finde ich schwierig.
> Das verstehe ich nicht.

❺ Gruppenarbeit

Findet voneinander heraus:

- Welches Fach ist dein bestes Fach? Warum?
- Welches Fach ist dein schlechtestes Fach? Warum?

❻ Informationen für den Schulprospekt

Lies die Sätze! Verbinde die Fotos mit den Sätzen!

Beispiel: 1 = c

DIE SCHÜLER KÖNNEN:

1 einen Austausch mit Frankreich, England oder Amerika machen.
2 snowboarden gehen.
3 nach dem Schultag Sport treiben, in einer Mannschaft oder in einem Sportverein.
4 ein Instrument lernen.
5 im Chor singen.

a

b

c

d

e

Schulleben und Leben nach der Schule ● ● ● ● ● ● ● ● ● ●

❼ Eine bessere Schule?

Was kann man tun, um eine Schule zu verbessern? Hör zu und mach Notizen!

Schuluniform	keine, weil ...
Sport	
Klubs	
Schultag	
Fremdsprachen	

❾ Einen Brief schreiben

Schreib einen Brief mit allen Vorschlägen an deinen Schulleiter/deine Schulleiterin (vielleicht mit Übersetzung ins Englische!).

❽ Eine Umfrage

Was würdest *du* machen, um deine Schule zu verbessern? Mach eine Umfrage in deiner Schule!

Was würdest du tun, um die Schule zu verbessern?

Ich würde	keine Uniform tragen. ein Schwimmbad bauen lassen. mehr Sport treiben. mehr Fremdsprachen lernen. einen Schachklub haben. einen kürzeren Schultag haben.

❿ Das deutsche Schulsystem

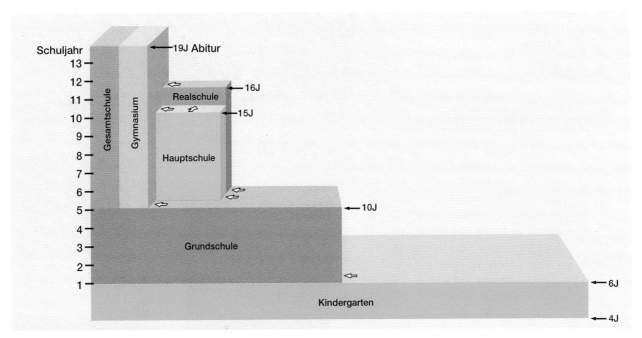

Sieh das Diagramm an! Kopiere die Sätze und ergänze die Lücken!

1 Mit _____ Jahren geht man in den Kindergarten.

2 Mit sechs Jahren geht man in die _____.

3 Es gibt vier Schulsysteme ab zehn Jahre: die _____schule,
die _____schule, die _____schule und das _____.

4 Die Realschule verläßt man mit _____ Jahren.

5 Wenn man Abitur macht, verläßt man die Schule mit _____ Jahren.

⑪ Was weißt du schon über deutsche Schulen?

a Beantworte diese Fragen in ganzen Sätzen!

1 Um wieviel Uhr ist der Unterricht in den meisten Schulen zu Ende?
2 Tragen die Schüler und Schülerinnen eine Uniform?
3 Gibt es tägliche Versammlungen?
4 Wo ißt man zu Mittag?
5 Kannst du das Notensystem erklären?
6 Was passiert, wenn man sehr schlechte Noten bekommt?

b Hör zu! Wie viele Fragen hast du richtig beantwortet?
Korrigiere deine falschen Antworten!

⑫ Klassenfoto

a Im Jahre 1990 haben diese Leute ihre
Traumberufe aufgeschrieben. Lies die Texte!

1 Mein Traumberuf ist Ärztin.

4 Mein Traumberuf ist Astronautin.

5 Mein Traumberuf ist Schauspielerin.

2 Mein Traumberuf ist Dolmetscher.

6 Mein Traumberuf ist Schriftsteller.

3 Mein Traumberuf ist Pilot.

b Wir sind jetzt im Jahre 2000. Hör zu!
Markiere mit ✓, wenn sie ihre Traumberufe ausüben.
Markiere mit ✗, wenn nicht, und schreib auf, was sie
machen.

Beispiel: 1 ✓, 2 ✗ *Er ist Lehrer.*

⑬ Gruppenarbeit

Findet voneinander heraus: 'Was ist dein Traumberuf?'

4 Der Tagesablauf •••••••••••••••••

❶ Wie spät ist es?

Hör zu! Wähle die passende Uhrzeit!

Beispiel: 1 = *2.00*

1 1.00 oder 2.00?	**6** 7.30 oder 8.30?	**11** _____?
2 2.00 oder 2.15?	**7** 9.30 oder 10.30?	**12** _____?
3 3.15 oder 4.15	**8** 11.20 oder 11.25?	**13** _____?
4 5.45 oder 5.15?	**9** 12.10 oder 11.50?	**14** _____?
5 6.45 oder 6.15?	**10** 12.00 ● oder 12.00 ☾?	**15** _____?

❷ Wie sieht der Alltag aus?

Verbinde die Sätze mit den Bildern!

Beispiel: 1 = *c*

a Ich gehe ins Bett.
b Ich ziehe mich aus.
c Ich stehe auf.
d Ich gehe in die Schule.

e Ich ziehe mich an.
f Ich nehme ein Bad.
g Ich wasche/dusche mich.
h Ich frühstücke.

i Ich esse zu Abend.
j Ich mache meine Hausaufgaben.
k Ich sehe fern.
l Ich gehe nach Hause.

❸ Gruppenarbeit

Arbeitet in Gruppen von vier oder fünf. Kopiere die Tabelle!
Stell diese Fragen und mach Notizen!

- Wann stehst du an Wochentagen auf?
- Wann gehst du an Wochentagen ins Bett?

Name	aufstehen	ins Bett gehen
Tom	7.00	10.30

> Ich stehe um sieben Uhr auf.
> Um sieben Uhr stehe ich auf.
> Ich gehe um elf Uhr ins Bett.
> Um elf Uhr gehe ich ins Bett.

Wer steht am frühesten/spätesten auf?
Wer geht am frühesten/spätesten ins Bett?

❹ Ein Tag im Leben Frau Fleißigs

a Lies den Text!

Ich stehe um sechs Uhr morgens auf. Dann trinke ich Fruchttee und esse eine Scheibe Toast und etwas Müsli, weil das sehr gesund ist. Um sieben Uhr nehme ich ein Bad und ziehe mich an. Um acht Uhr verlasse ich das Haus. Ich arbeite fleißig bis halb eins. Dann gehe ich joggen. Danach esse ich Salat und Obst und trinke viel Wasser. Ich arbeite bis halb sechs, dann fahre ich nach Hause. Normalerweise esse ich um halb acht. Nach dem Essen sehe ich eine Stunde fern, oder ich lese. Manchmal treffe ich mich mit Freunden. Gegen halb elf gehe ich ins Bett. Ich schlafe sofort ein.

b **Partnerarbeit.**
A ist Frau Fleißig. **B** ist Frau Fleißigs Freund/Freundin und stellt Fragen.

Beispiel: **B** *Wann stehst du auf?*
         A *Um sechs Uhr.*

Was ißt du und trinkst du zum Frühstück?
Was machst du um sieben Uhr?
Wann verläßt du das Haus?
Was machst du in der Mittagspause?
Was ißt du zu Mittag?
Wann gehst du nach Hause?
Wann ißt du zu Abend?
Was machst du normalerweise abends?
Wann gehst du ins Bett?

❺ Partnerarbeit

Stell deinem Partner/deiner Partnerin Fragen über seinen/ihren Tagesablauf!

❻ Ein Tag in meinem Leben

Schreib einen Artikel für eine Zeitschrift 'Ein Tag in meinem Leben'!

Beispiel:

An Wochentagen stehe ich sehr früh – zu früh – um sieben Uhr auf...

Am Wochenende •••••••••••••••••••••••••••

❼ Das Wochenende bei Herrn Faulpelz

a Lies den Text!

> Am Wochenende mache ich absolut nichts. Am Samstag stehe ich gegen Mittag auf, dann esse ich ein großes Frühstück mit Eiern, Speck, Brot, Butter, Honig und viel Kaffee. Dann lese ich die Zeitung und sehe bis fünf Uhr fern. Danach ziehe ich mich an, wasche mich und gehe mit Freunden gegen sechs aus. Wir trinken viel Bier und essen Pizza oder so. Normalerweise bin ich so satt und müde, daß ich um zehn ins Bett gehe. Am Sonntag stehe ich spät auf. Manchmal gehe ich ins Kino oder besuche Freunde. Wir essen oft Kuchen mit Schlagsahne und trinken Kaffee.

b Ergänze die Lücken!

1 Am Wochenende _ _ _ _ t er nichts.
2 Samstags i_t er ein großes Frühstück.
3 Dann lies_ er die Zeitung.
4 Er si_ _ _ fern.
5 Danach zi_ _ _ er sich an.

6 Er wä_ _ _ _ sich.
7 Er tr_ _ _ _ Bier.
8 Er i_ _ Pizza.
9 Um zehn Uhr g_ _ _ er ins Bett.
10 Am Sonntag s_ _ _ _ er spät _ _ _ .

❽ Ein Tag im Leben einer Lottogewinnerin, Lotte Geldbaum

8.00	aufstehen
9.00	frühstücken/Champagner trinken
10.00	in die Stadt gehen
10.30	einen Porsche kaufen
11.00	nach Berlin fahren
12.00	zu Mittag im Top-Restaurant essen
2.00	nach Hause fahren
3.00	im Privatschwimmbad schwimmen
5.00	Tennis spielen
7.00	zu Abend essen
8.00	ins Spielcasino gehen
9.00	das ganze Geld verlieren!

Beschreib den Tag!

Beispiel: *Um acht Uhr steht sie auf. Dann frühstückt sie…*

⑨ Was wirst du am Wochenende machen?

 a   Sechs junge Deutsche sprechen.
Hör zu und wähle die passenden Bilder!

Beispiel: Anja = *c, f*

b   Schreib Sätze!

Beispiel: *Anja wird einkaufen gehen*
und mit Freundinnen ausgehen.

Du bist dran! Was wirst *du* am
Wochenende machen? Schreib Sätze!

Ich werde	einkaufen gehen/Babysitting machen/
Du wirst	Fußball spielen/fernsehen/meinen Vater
Er/Sie wird	besuchen/schwimmen gehen/lesen/
	mit Freunden ausgehen.

⑩ Partnerarbeit

Schreib heimlich eine Liste von drei Aktivitäten! **A** rät,
was auf der Liste steht. **B** antwortet mit ja oder nein.

Beispiel: **A**   *Wirst du Fußball spielen?*
          B   *Nein.*
          A   *Wirst du fernsehen?*
          B   *Ja!*

⑪ Verenas Brief

Lies den Brief und beantworte die Fragen in ganzen Sätzen!

> Dieses Wochenende werde ich eine Freundin in Hannover besuchen.
> Sie heißt Annette, und sie geht zur Uni. Wir werden die moderne
> Kunstgalerie besichtigen und zum Flohmarkt gehen. Vielleicht werde
> ich dort ein Geburtstagsgeschenk für meine Mutter finden! Am Abend
> werden wir ins Kino gehen und danach in der Altstadt essen gehen.
> Am Sonntag werden wir vielleicht auf dem Maschsee windsurfen!

1 Wo wohnt Verenas Freundin?
2 Hat Annette einen Beruf?
3 Was kann man in Hannover tun?

4 Was wird Verena vielleicht am Flohmarkt finden?
5 Was werden sie am Samstagabend tun?
6 Wann werden sie vielleicht windsurfen gehen?

Grammatik 1a

❶ Wer wohnt wo?

Verbinde die Bilder mit den Verbformen!

Beispiel: 1 = c

1 sie wohnt　　**2** wir wohnen　　**3** ich wohne　　**4** sie wohnen　　**5** er wohnt

❷ Drei Formen von *you*

Verbinde die *you* Wörter mit den Definitionen!

1　du　　　　**2**　ihr　　　　**3**　Sie

a plural/Kinder und Jugendliche unter 18 Jahren/Tiere
b singular oder plural/Erwachsene/man kennt sich nicht so gut
c singular/Kind oder junge Person unter 18 Jahren/ein Tier

❸ Endungen

Kopiere und ergänze die Sätze! Übersetze sie ins Englische!

1 ich…　　**2** du…　　**3** meine Mutter…　　**4** meine Großeltern…　　**5** wir…

4 Starke Verben

Schreib Sätze!

Beispiel: *Du liest ein Buch.*

ich/du/er/sie/es/man/Verena/mein Freund/wir/ihr/sie/meine Freunde/Sie

lies	essen	fahre	eßt	lest	sieht
siehst	seid	fahren	ist	fahrt	haben
hast	lesen	bin	ißt	seht	sind
sehen	hat	fährst	habt	habe	
lese	bist	esse	fährt	sehe	

5 Konjunktionen

Schreib Sätze!

Beispiel: **1** *Ich esse kein Fleisch, weil ich Vegetarier bin.*

1 Ich esse kein Fleisch.

   weil

Ich bin Vegetarier.

2 Ich gehe gern in die Disco.

   weil

Ich tanze gern.

3 Es geht mir gut.

   weil

Heute ist Freitag.

4 Es geht mir nicht gut.

   weil

Ich habe zu viele Hausaufgaben.

5 Ich mag Sport.

   weil

Ich bin fit und sportlich.

6 Ich gehe ins Restaurant.

   da

Ich habe Geburtstag.

7 Wir spielen Tennis.

   obwohl

Die Sonne scheint nicht.

8 Ich dusche mich.

   bevor

Ich gehe in die Stadt.

9 Ich kaufe neue Schuhe.

   da

Ich habe viel Geld.

10 Ich bin gut in Mathe.

   obgleich

Ich finde es langweilig.

Extra 1a ●●●●●●●●●●●●●●●●●●●●●●●●

Ein Wörterbuch benutzen – 1

1 *der, die, das, ein, eine, ein*

Aussprache — **snow** [snəʊ] **1.** *n.* Schnee, der. **2.** *v.i. impers.* **it ~s/**
is ~ing es schneit. **snow 'in** *v.t.* **they are ~ed in**
sie sind eingeschneit. **snow 'under** *v.t.* **be ~ ed** — *Verb*
under *(with work)* erdrückt werden; *(with gifts,*
mail) überschüttet werden
snow: ~ball 1. *n.* Schneeball, der; **2.** *v.i. (fig.)*
lawinenartig zunehmen; **~bound** *adj.* einge-
schneit; **~-drift** *n.* Schneewehe, die; **~drop** *n.* — *sächlich*
Substantiv — Schneeglöckchen, *das;* **~fall** *n.* Schneefall, *der;*
~flake *n.* Schneeflocke, *die;* **~man** *n.* Schnee- — *weiblich*
mann, *der;* **~-plough** *n.* Schneepflug, *der;*
Adjektiv — **~storm** *n.* Schneesturm, *der* — *männlich*
'snowy *adj.* schneereich ‹Gegend ›; schneebedeckt
‹Berge ›

girl [gɜ:l] *n.* Mädchen, *das;* *(teenager)*
junges Mädchen. **'girl-friend** *n.*
Freundin, *die.* **'girlish** *adj.* mädchen-
haft

school [sku:l] *n.* Schule, *die;* *(Amer.:*
college) Hochschule, *die;* **be at** *or* **in ~:**
in der Schule sein; *(attend ~)* **zur**
Schule gehen; **go to ~:** zur Schule
gehen; **~ holidays/exchange** Schulferien
Pl./Schüleraustausch, *der*

	männlich	**weiblich**	**sächlich**
the	der	die	das
a/an	ein	eine	ein

–chen = immer sächlich → das
–e = oft weiblich → die

Schreib die Sätze! Übersetze sie ins Englische!

a *Der, die* oder *das*?

1 ![Bild] ist von meiner Schwester.

2 ![Bild] spielt mit dem Ball.

3 ![Bild] ist sehr schön.

4 ![Bild] war sehr interessant.

b *Ein, eine* oder *ein*?

1 ![Bild] ist im Garten.

2 ![Bild] ißt gern Käse.

3 ![Bild] hat große Ohren.

4 ![Bild] steht jetzt neben dem Bahnhof.

❷ Vokabeln lernen

TIPS·TIPS·TIPS·TIPS·TIPS·TIPS·TIPS

1 Wenn du neue Wörter aufschreibst, benutz drei verschiedene Farben für **der**, **die** und **das** Wörter!

> der Hund
>
> die Katze
>
> das Buch

2 Lerne Wörter in Gruppen!

3 Wenn du ein Adjektiv lernst, lerne auch das Gegenteil davon!

Beispiel: *langweilig/interessant, groß/klein.*

4 Kleb Etiketten mit Substantiven darauf im ganzen Haus auf!

5 Nimm Wortlisten auf Kassette auf!

Beispiel: '*School*' (Pause für die Antwort) 'die Schule'

6 Schreib kleine Vokabeltests für dich selbst und für deine Freunde!

> 1 der Hund ✓
>
> 2 die Katze ✓
>
> 3 ~~das~~ ~~der~~ Buch ✗ 1/2

7 Mach Wortkarten! Schreib das Wort auf englisch auf einer Seite und das Wort auf deutsch auf der anderen!

5 Meine Umgebung ••••••••••••

1 Wo wohnst du?

A. HAMBURG

B. Hannover   C. BERLIN

D. Braunschweig

E. Goslar

F. Bonn

G. FRANKFURT

H. Würzburg

I. Euerhausen

J. MÜNCHEN   O. WIEN

K. Basel

M. Zürich   N. Kitzbühel

L. BERN

Sieh die Landkarte an! Hör zu!
Schreib den richtigen Buchstaben und
Namen!

Beispiel: 1 = *A Hamburg*

> ... ist eine große/mittelgroße/kleine Stadt.
>
> ... ist ein Dorf nicht weit von ...
>
> Wo liegt das?
>
> im Norden/im Westen/im Süden/im Osten
>
> in Nord-/West-/Süd-/Ost/Mittelengland/
> Schottland/Irland/Wales

2 Partnerarbeit

A beschreibt einen Ort auf der Landkarte, aber sagt den Namen nicht.
B rät, welche Stadt oder welches Dorf das ist.

Beispiel: **A** *Eine große Stadt, südlich von Hamburg.*
            B *Wo liegt das?*
            A *Im Norden.*
            B *Hannover?*

3 Was gibt's dort zu tun?

Hör zu und hake ab!

Jörg			X	X	✓	✓		X		✓
Ulrike									
Georg									
Barbara									

Die Stadt/Das Dorf hat...	einen Jugendklub.
Es gibt...	eine Eisbahn.
	ein Freizeitzentrum.
	ein paar/viele Kneipen.

4 Gruppenarbeit

Benutzt ein Wörterbuch und macht Brainstorming in einer Gruppe! Was hat eine Stadt? Welche Gruppe hat die meisten Ideen?

Beispiel:

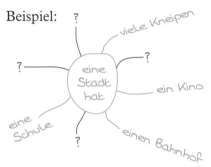

5 Partnerarbeit

A denkt an eine Stadt/ein Dorf.
B rät, wo das ist.

Beispiel: B *Ist es eine Stadt?*
A *Ja.*
B *Hat die Stadt ein Freizeitzentrum?*
A *Nein.*

6 Bremen erleben

Lies den Text! Beantworte die Fragen in ganzen Sätzen!

1 Was kann man im Ratskeller trinken?
2 Woraus bestehen 'Die Bremer Stadtmusikanten'?
3 Wann kann man den Bleikeller besuchen?
4 Wann wurde die Liebfrauenkirche gebaut?
5 Wo könnte man schöne Souvenirs kaufen?
6 Wie oft am Tag kann man das Glockenspiel sehen und hören?

Sehenswertes

<u>Roland:</u> Errichtet 1404.
<u>Rathaus:</u> Gotischer Grundbau 1405-1409. Renaissancefassade 1609-1612. Führungen (falls keine Empfänge): Mo.-Fr. 10, 11, 12 Uhr, März - Ende Oktober auch Sa. u. So. 11 und 12 Uhr.
<u>Ratskeller:</u> einer der ältesten Stadtweinkeller (1408).

Die <u>Bremer Stadtmusikanten</u> am Rathaus (Westfront). Bronzeplastik von Professor Gerhardt Marcks (1953).
<u>St.-Petri-Dom:</u> Baubeginn 1042. Älteste Teile: die Krypten. Ganzjährig Besichtigung möglich; Bleikeller nur in den Sommermonaten (Mai - Oktober).
<u>Liebfrauenkirche:</u> Ehemalige Ratskirche, 13. Jahrhundert. Mittelalterliche Wandmalereien. Glasfenster von Manessier.
<u>Schütting:</u> Am Markt (1537-1539), erbaut als Gildehaus der Kaufleute, heute Handelskammer.
<u>Haus der Bürgerschaft:</u> (Landesparlament): Erbaut 1966. Führungen Mo.-Fr. 10 und 14.15 Uhr.

<u>Stadtwaage:</u> Langenstraße, 1587.
<u>Gewerbehaus:</u> Ansgaritorstraße. 1619-1621, Krameramtshaus, heute Handwerkskammer.
<u>Böttcherstraße:</u> Alte Handwerkergasse, durch den Kaffeekaufmann Ludwig Roselius als Museums- und Ladenstraße neu gestaltet. Glockenspiel dreimal tägl.: 12, 15 u. 18 Uhr.

Meine Meinung ● ● ● ● ● ● ● ● ● ● ● ● ● ● ● ● ● ● ●

❼ Wie finden sie den Ort, wo sie wohnen?

Kopiere die Namen!

1	Sonja	4	Verena	·7	Holger
2	Florian	5	Silke	8	Annette
3	Thomas	6	Jörg		

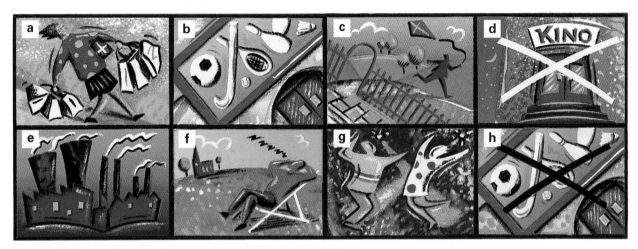

 a Hör zu! Verbinde die Bilder mit den Aussagen!

Beispiel: 1 Sonja = *c*

b Schreib Sätze!

Beispiel: *Sonja wohnt gern dort, weil es viele grüne Anlagen gibt.*

> Es gibt (nicht) viele grüne Anlagen/Geschäfte/ Sportmöglichkeiten.
> Es gibt (nicht) viel zu tun.
> Die Stadt hat (kein) ein Kino.
> Die Stadt hat (nicht) viel Industrie.
> Hier ist es ruhig/lebendig.

❽ Umfrage

a Mach eine Umfrage in der Klasse! Stell die Fragen:

- Wo wohnst du?
- Wohnst du gern dort?
- Warum (nicht)?

Kopiere die Tabelle und mach Notizen!

Name	wo?	gern?	warum (nicht)?
Sarah	Newtown	ja	ein Kino

b Schreib Sätze!

Beispiel: *Sarah wohnt gern in Newtown, weil es ein Kino hat.*

❾ Ein Brief

Lies den Brief!

a Faß auf englisch zusammen, was in dem Brief steht!

b Schreib einen kurzen Brief! Beschreib deinen Wohnort!

Altdorf ist ein altes Dorf. Es ist sehr ruhig, und die Landschaft ist schön, aber ich finde es langweilig, weil es keine Geschäfte gibt. Es gibt Sportmöglichkeiten; man kann radfahren und wandern, aber wir haben kein Freizeitzentrum. Neustadt ist eine Stadt nicht weit von Altdorf. Es gibt ein Hallenbad und ein Kino.

❿ Wie gefällt dir deine Stadt?

Hör zu und lies die Sätze! Sind sie richtig oder falsch?
Korrigiere die falschen Sätze!

1 Matthias wohnt in einer Stadt im Norden.
2 Es gibt einen Jugendklub und eine Diskothek.
3 Man kann ins Kino gehen.
4 Das Leben ist sehr ruhig.
5 Es gibt nicht genug Geschäfte.
6 Er wohnt gern dort, weil alle seine Freunde dort wohnen.

6 Zu Hause ● ● ● ● ● ● ● ● ● ● ● ● ● ● ● ● ● ● ●

1 **Plan eines Hauses**

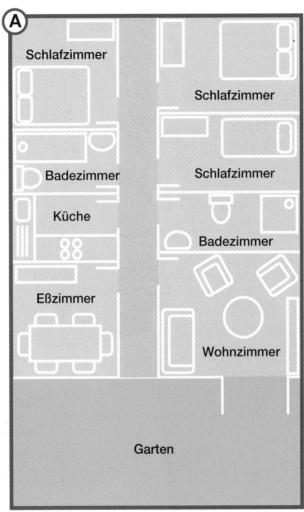

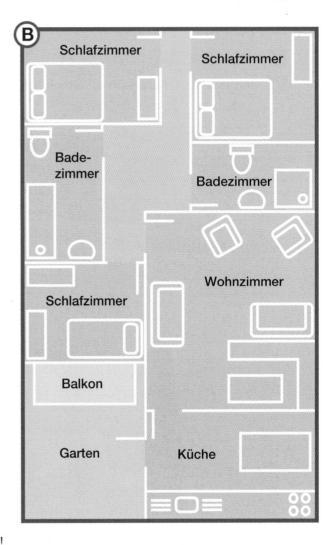

Hör zu! Welches Haus ist das? Schreib **A** oder **B**!

2 **Partnerarbeit**

A stellt eine Frage. **B** beantwortet die Frage.

Beispiel: **A** *Wo schläft man?*
　　　　　B *Im Schlafzimmer.*

- Wo schläft man?
- Wo wäscht man sich?
- Wo sieht man fern?
- Wo sitzt man in der Sonne?

- Wo ißt man?
- Wo schreibt man Briefe?
- Wo kocht man?

der Garten/im Garten	das Eßzimmer/im Eßzimmer
die Küche/in der Küche	das Badezimmer/im Badezimmer
das Wohnzimmer/im Wohnzimmer	das Arbeitszimmer/im Arbeitszimmer
das Schlafzimmer/im Schlafzimmer	

❸ Beschreib das Haus!

🔊 Zwei junge Deutsche sprechen. Hör zu und mach Notizen!

	Garten	Garage	Terrasse	Balkon	Wohnz.	Schlafz.	Eßz.	Badez.	Toilette	Gästez.	Spielz.	Kinderz.	Keller	Dachboden	Arbeitsz.
1	✓	✓ groß													
2															

❹ Gruppenarbeit

a Arbeite zuerst mit einem Partner/einer Partnerin! Beschreibt eure Häuser/ Wohnungen! Macht Notizen!

Beispiel: **A** *Mein Haus hat einen Garten, drei Schlafzimmer…*
  B *Wir haben ein kleines Haus…*

b Arbeitet jetzt mit einem anderen Paar! Beschreib das Haus/die Wohnung deines Partners/deiner Partnerin! Macht Notizen!

Beispiel: **A** *Sams Haus hat einen Garten, drei Schlafzimmer…*

c Schreib Details über die vier Häuser/Wohnungen für ein Immobiliengeschäft auf!

❺ Welches Haus ist das?

Lies die Informationen! Verbinde die passenden Bilder mit den Informationen!

1

2

3

Wir verkaufen:

a **2-Zimmer-Wohnung und Eßzimmer,** Baujahr 96, 69m², 2 Kellerräume, 30m², Stellplatz, Neubau, alle Abschreibungen, auch gut vermietbar, **KP 235.000,– DM** (keine Provision)

b **Haus in Neustadt,** renovierter Altbau, 4 Zimmer, Küche, großes Bad, WC, sofort beziehbar, **KP 270.000,– DM + Courtage**

c **Reiheneckhaus,** Nähe Krankenhaus, Garage, ruhige Lage, Vollkeller, **KP 395.000,– DM + Courtage**, Besichtigung ab 18.00- 19.00 Uhr möglich. Sehr großzügige Aufteilung, guter Zustand, eventuell kann Einbauküche übernommen werden.

Besichtigung jederzeit möglich

Ifab Bauträgerges. mbH
INFO: Rundeel 8 b, 31535 Neustadt
Telefon (0 50 32) 51 11 • Fax (0 50 32) 6 51 90

Haushaltshilfe ●

6 Wer macht was?

a Hör zu! Schreib die passenden Buchstaben auf!

Beispiel: Verena = *a, …*

Name	was?	wie oft?
Verena	a, …	
Marie Luise (Verenas Mutter)		
Lutz (Verenas Stiefvater)		
Martin (Verenas Stiefbruder)		

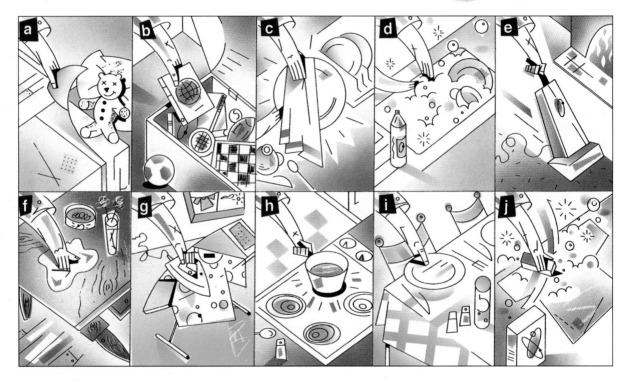

b Hör nochmal zu! Markiere in der Tabelle, wie oft sie das machen!

Beispiel: Verena a ✓✓

immer/oft	✓✓✓
meistens	✓✓
ab und zu	✓
nie	✗

c Schreib Sätze!

Beispiel: *Verena macht meistens ihr Bett.*
oder *Meistens macht Verena ihr Bett.*

7 Ist das fair?

a **Partnerarbeit. A** stellt Fragen, und **B** antwortet. **A** macht Notizen.

Beispiel: **A** *Wie viele Personen gibt es bei dir zu Hause?*
B *Vier.*
A *Wer sind diese Personen?*
B *Meine Mutter, mein Stiefvater, mein Bruder und ich.*
A *Was macht dein Bruder im Haushalt?*

B *Er deckt den Tisch.*
A *Und wie oft?*
B *Immer.*
A *Und was macht deine Mutter? …*

Notizen:

Personen	was?	wie oft?
Mutter		
Stiefvater		
Bruder	deckt den Tisch	✓✓✓

b Schreib Sätze!

Beispiel: *Sarahs Mutter kocht meistens.*
Sarahs Stiefvater trocknet immer ab.

Sieh die Resultate deines Partners/deiner Partnerin an! Ist das fair? Warum (nicht)?

8 Ein faires Leben

Schreib einen fairen Plan für deine Familie!

Beispiel:

MONTAG
Am Montag koche ich
Am Montag deckt Mark den Tisch…

9 Hausregeln

a Verbinde die Regeln mit den Bildern!

1 Kinder müssen jeden Morgen ihre Betten machen.
2 Eltern dürfen keinen privaten Telefongesprächen zuhören.
3 Jede Person darf eine Lieblingssendung in der Woche auswählen.
4 Kinder und Eltern sollen die Musik nicht zu laut stellen.
5 Dreimal in der Woche soll die Familie gemeinsam am Tisch essen.
6 Kinder sollen Hausaufgaben ohne Fernsehen machen.
7 Helena muß den Vogelkäfig saubermachen.
8 Markus soll den Kaninchenkäfig putzen.

b Schreib deine eigenen (humorvollen) Hausregeln!

Beispiel: *Meine Schwester muß mein Zimmer jeden Tag aufräumen.*

7 In meinem Zimmer ···············

1 **Was hat Verena in ihrem Schlafzimmer?**

 Hör zu! Schreib die passenden Buchstaben auf!

Beispiel: *b, …*

In meinem Zimmer habe ich | einen Kleiderschrank.
eine Lampe.
ein Bett.
viele Kuscheltiere.

Ich teile mein Zimmer.
Ich habe mein eigenes Zimmer.

2 **Gruppenarbeit**

Spielt das Gedächtnisspiel!

Beispiel: **A** *In meinem Zimmer habe ich ein Bett.*

B *In meinem Zimmer habe ich ein Bett und einen Kleiderschrank.*

C *In meinem Zimmer habe ich ein Bett, einen Kleiderschrank und einen Spiegel.*

Wer kann die längste Liste sagen?

❸ *Unter, auf, neben, hinter* oder *vor?*

 Hör zu und wähle das passende Bild!

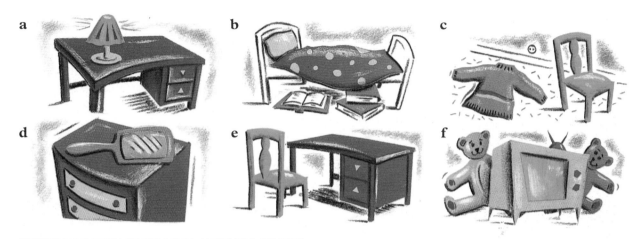

a

b

c

d

e

f

> Es gibt eine Lampe auf dem Tisch.
> Der Spiegel ist neben der Lampe.
> Es gibt einen Pullover unter dem Bett.
> Der Stuhl ist vor der Tür.
> Der Bücherschrank ist hinter dem Sofa.

❹ Verenas Zimmer

Lies die Beschreibung! Zeichne einen Plan ihres Zimmers!

> Auf der linken Seite steht das Bett, unter dem Fenster. Auf der rechten
> Seite, an der Wand, ist der Schreibtisch. Auf dem Schreibtisch liegen
> Zeitschriften. Vor dem Schreibtisch gibt es einen Stuhl. In der Mitte der
> Wand mit der Tür gibt es den Kleiderschrank. Links neben dem
> Kleiderschrank ist ein Sofa. Viele Kuscheltiere sitzen auf dem Sofa.
> Rechts neben dem Kleiderschrank steht eine Kommode. Auf der Kommode
> gibt es eine Lampe und einen Spiegel. An den Wänden gibt es viele Poster.

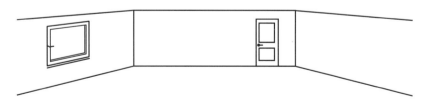

❺ Partnerarbeit

a Zeichne einen einfachen Plan deines Zimmers! Beschreib mündlich dein Zimmer! Dein Partner/Deine Partnerin zeichnet es.

b Beschreib schriftlich dein Zimmer! Gib die Beschreibung einer anderen Person! Diese Person muß dein Zimmer zeichnen.

Fernsehen ●●●●●●●●●●●●●●●●●●●●●●●●●●●●●●●

6 Partnerarbeit

 Ich denke an eine Sendung…
A schreibt heimlich den Namen einer
Sendung auf. **B** rät, was die Sendung ist.

Beispiel: **A** *Ist das eine Natursendung?*
B *Nein.*
A *Nachrichten?*
B *Ja!*
A *Heißt die Sendung 'News at Ten'?*

8 Partnerarbeit

Besprecht das Programm! Trefft eine
Entscheidung!

Beispiel: **A** *Was gibt es heute abend im*
Fernsehen?
B *Einen Film, eine Natursendung*
und eine Serie.
A *Um wieviel Uhr ist die*
Natursendung?
B *Um 18 Uhr. Aber die gefällt*
mir nicht…

7 Was gucken wir heute abend an?

 Hör zu! Beantworte die Fragen in ganzen
Sätzen!

1 Was für Sendungen gibt es heute abend
im Fernsehen?
2 Um wieviel Uhr ist der Spielfilm?
3 Um wieviel Uhr ist 'Sportschau'?
4 Wie findet Verena 'Geh aufs Ganze'?
5 Mag Martin 'Die Harald Schmidt Show'?
6 Welche Entscheidung treffen sie?

> Was gibt es heute abend im Fernsehen?
> Um wieviel Uhr ist…?
> … gefällt mir (nicht)/Ich mag…(nicht)/
> Ich finde… toll/langweilig.
> Ich möchte das (nicht) sehen.
> Zuerst können wir… angucken, dann…
> Wir können… (auf Video) aufnehmen.

ARD

18.00 **Black Jack**
`FILM` TV Krimikomödie 1995
19.30 **Tagesschau**
`NACHRICHTEN`
20.00 **Fußball**
Champions League
Live. Endspiel.
Juventus Turin – Ajax
Amsterdam

ZDF

18.00 **Prisma**
`NATURSENDUNG`
Die Welt der Ameisen
19.00 **Das verletzte**
`FILM` **Lächeln**
TV-Melodrama 1995
20.30 **Heute**
`NACHRICHTEN`
20.50 Wetter

RTL

18.00 **Gute Zeiten,**
schlechte Zeiten
`SERIE`
18.30 **XXO – Fritz und Co**
mit Fritz Egner
`GAME-SHOW`
19.00 **Hans Meiser**
`TALK-SHOW`
20.00 **Die X Files**
`SCIENCE-FICTION SERIE`

❾ Fernsehmagazin

a 'Jäger des verlorenen Schatzes.'
Füll die Lücken aus!

Jäger des verlorenen Schatzes 3-630-652
ABENTEUER Wenn sich Harrison Ford alias Indiana Jones auf die Jagd nach der legendären Bundeslade macht, sind Spannung, Spaß und 'ne Menge Action garantiert. Steven Spielbergs Kinoknüller bekam vier Oscars **Freitag, 26.8, Sat 1, 21.00 Uhr**

TAGESTIP			
Action ●●●	Spannung ●●●	Humor ●●	Erotik

O: Jäger des verlorenen Schatzes, USA 1980
R: Steven Spielberg **D:** Harrison Ford, Karen Allen, Paul Freeman **FSK: ab 16**

● ● ●   •3-630-652

1 Der Film ist ein _____ film.
2 Der Film hat _____ Oscars bekommen.
3 Den Film kann man am um _____ Uhr sehen.
4 Der Film hat viel _____, viel _____ und ziemlich viel _____.
5 Im Kino durfte man erst ab _____ Jahre den Film sehen.

b 'Mio, mein Mio.'
Lies den Text! Ordne die Bilder!

Beispiel: d, …

Fr 5. April 7.05 Uhr, ZDF

Mio, mein Mio

ABENTEUER Bosse hat es nicht leicht: Seine Mutter ist tot, sein Vater verschollen. Eine Tante versorgt den Achtjährigen mehr schlecht als recht. Eines Tages haut er ab. Auf der Reise trifft er die nette Frau Lundi. Ob die eine Zauberin ist? Jedenfalls verwandelt sich der Apfel, den sie Bosse schenkt, in Gold. Und das ist erst der Anfang des Märchenfilms, der 1987 nach Astrid Lindgren gedreht wurde.

Gewaltfrei ●●●	Spaß ●●●	Lernen	☺
ab 6 Jahren		• 3-764-834	

8 Meine Interessen ••••••••••••••••••••••

❶ Interessen

 Hör zu und mach Notizen! Markiere mit ✓ (er/sie mag das Hobby) oder mit ✗ (er/sie mag das Hobby nicht)!

	🎻	🚶	📷	🖥	🐕	🏃	📖	🍲	👕	✉
Christina	✓	✓						✗	✓	
Thomas										
Cornelia										

> Ich lese/tanze/fotografiere/koche gern.
> Ich sehe gern fern.
> Ich höre gern Musik.
> Ich spiele gern Gitarre/Klavier/Fußball/Tennis.
> Ich mag gern Tiere.
> Ich sammle Briefmarken.
> Ich interessiere mich für Mode.

❷ Gruppenarbeit

Sprecht in einer Gruppe über eure Hobbys!

Beispiel: **A** *Was machst du gern in deiner Freizeit?*
        B *Ich höre gern Musik, und ich koche gern. Und du?*
        C *Ich mag gern Tiere…*

❸ Partnerarbeit

Könnt ihr das richtige Zimmer identifizieren? Seht diese vier Zimmer an! **A** beschreibt die Hobbys. **B** rät, wessen Zimmer das ist.

Beispiel: **A** *Diese Person liest gern Bücher und Zeitschriften…*
        B *Das ist Verenas Zimmer.*

a — Verenas Zimmer

b — Martins Zimmer

c — Holgers Zimmer

d — Annettes Zimmer

4 Wann, mit wem, wo?

Fünf Personen beschreiben, was sie in ihrer Freizeit machen.
Hör zu und mach Notizen!

	was?	wann?/wie oft?	mit wem?	wo?
1	schwimmen	samstags	Freundin	im Sportzentrum
2				
3				

jeden Tag/jeden Abend/jeden Morgen/jeden Samstag
samstags/montags/morgens/abends
einmal/zweimal in der Woche
einmal am Tag
mit meiner Freundin/mit meinem Freund/mit meinen Freunden/allein
im Tennisklub/auf dem Fußballplatz/im Park/zu Hause

5 Gruppenarbeit

a Kopiere die Tabelle in **Übung 4**!
Besprecht eure Hobbys in Gruppen!
Füllt die Tabelle aus!

Beispiel: **A** *Was machst du in deiner
Freizeit?*
B *Ich spiele Fußball.*
A *Wann machst du das?*
B *Jeden Samstag.*
A *Mit wem?*
B *Mit meinen Freunden.*
A *Und wo?*
B *Im Park.*

b Schreib Sätze!

Beispiel: *Mark spielt Fußball jeden
Samstag mit Freunden im Park.*

6 Ein Poster

Lies das Poster! Beantworte die Fragen in
ganzen Sätzen!

FREIZEITZENTRUM

Programm für die Woche 1.8.–7.8.

Wollen Sie besser Tennis spielen?
Montag um 10 Uhr, am Tennisplatz 3.
Bringen Sie Freunde mit!

Aerobic macht fit!
Jeden Abend ab 19 Uhr in der Sporthalle.

Schwimmzeit nur für Erwachsene.
Jeden Dienstagnachmittag von 14 bis 16 Uhr.

1 Das Programm ist für welchen Monat?
2 Wann kann man Tennis spielen?
3 Wo kann man Tennis spielen?
4 Mit wem kann man Tennis spielen?
5 Wie oft kann man zu Aerobic gehen?
6 Wer darf dienstags von 14 bis 16 Uhr
nicht schwimmen?

Letztes Wochenende ● ● ● ● ● ● ● ● ● ● ● ● ● ● ● ● ● ● ●

7 Gegenwart oder Vergangenheit?

Hör zu! Markiere mit ↓, wenn es heute ist und mit ↰, wenn es letztes Wochenende war!

8 Letztes Wochenende

a Hör zu und sieh die Bilder rechts an!
Schreib die passenden Buchstaben in die Tabelle!

Beispiel:

	Verena	Martin	Jörg	Silke
Samstag	l, h, a			
Sonntag				

b Schreib Sätze!

Beispiel: *Verena ist am Samstagmorgen mit ihrer Mutter in die Stadt gegangen.*

Ich bin	in die Stadt	gegangen.
Er/Sie ist	ins Kino	

Ich habe	Fußball	gespielt.
Er/Sie hat	Spaghetti	gegessen.
	einen Pullover	gekauft.

c Partnerarbeit.
A wählt drei Bilder. **B** stellt Fragen.

Beispiel: **B** *Was hast du am Wochenende gemacht?*
A *Ich habe Fußball gespielt.*
B *Mit wem?*
A *Mit meinem Großvater.*
B *Wann?*
A *Am Sonntagmorgen.*

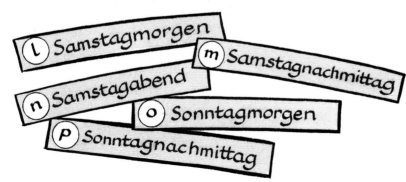

ⓛ Samstagmorgen
ⓜ Samstagnachmittag
ⓝ Samstagabend
ⓞ Sonntagmorgen
ⓟ Sonntagnachmittag

9 Briefe von Holger und Annette

a Lies die Briefe!

Letztes Wochenende bin ich am Samstagmorgen in die Schule gegangen. Ich habe dann zu Hause Fisch gegessen. Von 14 Uhr bis 16 Uhr habe ich Hausaufgaben gemacht. Um 16 Uhr bin ich in den Park gegangen. Dort habe ich Fußball gespielt. Am Abend bin ich mit meinen Freunden ins Restaurant gegangen. Wir haben Pizza gegessen.

Holger

Ich habe am Samstag bis 13 Uhr in einem Blumengeschäft gearbeitet. Es war sehr hektisch. Um 13 Uhr habe ich einen Hamburger und Pommes mit Mayo in der Stadt gegessen. Ich bin nach Hause gegangen und habe von 14 bis 16 Uhr einen Film im Fernsehen gesehen. Um 16 Uhr habe ich ein Bad genommen. Dann bin ich mit meinem Freund in die Disco gegangen.

Annette

b **Partnerarbeit. A** ist Holger. **B** stellt Fragen. Dann ist **B** Annette. **A** stellt Fragen.

Beispiel: **B** *Was hast du am Samstagmorgen gemacht?*
A *Ich bin in die Schule gegangen…*

A *Was hast du am Samstagmorgen gemacht?*
B *Ich habe in einem Blumengeschäft gearbeitet.*

Was hast du am Samstagmorgen gemacht?
Wo hast du zu Mittag gegessen?
Was hast du gegessen?
Was hast du zwischen 14 und 16 Uhr gemacht?
Was hast du um 16 Uhr gemacht?
Was hast du am Abend gemacht?

c **Partnerarbeit.** Stell Fragen an deinen Partner oder deine Partnerin! Was hast *du* am Wochenende gemacht?

10 Mein Tagebuch schreiben

a Schreib dein Tagebuch für letztes Wochenende!

Beispiel:

> Samstagmorgen: in die Stadt gegangen…

oder:

b Schreib einen Brief an Holger oder Annette! Beschreib letztes Wochenende!

Beispiel:

> Liebe Annette,
> letztes Wochenende habe ich…

41

❶ Wortstellung

Schreib diese Sätze richtig aus! Beginne mit den unterstrichenen Wörtern!

1 einen Maus eine habe <u>Ich</u> Hund und.
2 eine besucht Gesamtschule <u>Er</u>.
3 spielt Hockey in <u>Montags</u> Susi einer Mannschaft.
4 nach fahren Berlin <u>Am Samstag</u> wir.
5 in die Stadt <u>Um 3 Uhr</u> Jörg und Markus gehen.

6 decken den Tisch <u>Ich</u> soll jeden Tag.
7 <u>Hoffentlich</u> kaufen will ein Auto er deutsches.
8 kochen du <u>Magst</u>?
9 nicht so gut schwimmen <u>Er</u> kann.
10 man <u>In diesem Restaurant</u> nicht darf rauchen.

❷ *Der* oder *den*?

	NOM.	AKK.
männlich	der	den
weiblich	die	die
sächlich	das	das
Plural	die	die

Beispiel: *Der Hund sieht die Frau.*

1 D_ _ Frau sieht d_ _ Hund.

2 D_ _ Hund beißt d_ _ Mann.

3 D_ _ Mann beißt d_ _ Hund.

4 D_ _ Mädchen ißt d_ _ Apfel.

5 D_ _ Lehrer schlägt d_ _ Tisch.

6 D_ _ Mann mäht d_ _ Rasen.

❸ Mein Zimmer ist in Unordnung!

	männlich	weiblich	sächlich	Plural
NOM.	der	die	das	die
DAT.	dem	der	dem	den -n

Mach Sätze!

Beispiel: **1** *Der Hut ist auf der Lampe.*
2 *Die Socken sind unter dem Bett.*

❹ *Gern* oder *nicht gern*?

nicht gern	✖
gern	❤
sehr gern	❤❤

Sieh die Bilder an! Schreib Sätze!

Beispiel: ✖

Ich mag nicht gern Katzen.

❤

Ich spiele gern Tennis.

Extra 1b •••••••••••••••••••••••

❶ Ein Brief von Katja

a Lies den Brief!

Liebe Lucy!

Ich bin 15 Jahre alt und habe am dritten Juli Geburtstag. Ich habe einen Bruder. Er heißt Matthias. Wir haben ein Haustier - einen braunen Hund.

Ich mag Englisch, weil ich gern Fremdsprachen lerne. Mathe ist langweilig, und ich finde den Lehrer sehr streng.

Wir wohnen nicht weit von der Stadtmitte. Dort gibt es ein neues Sportzentrum. Leider gibt es kein Kino. In der Stadt gibt es gute Geschäfte, wo man schöne Sachen kaufen kann. Die Stadt ist nachts sehr lebendig.

Ich bin sportlich und immer unterwegs. Zu Hause fernsehen ist nichts für mich! Ich fahre sehr gern Rad. Ich koche nicht gern. Ich muß jetzt Schluß machen. Schreib bald.

Deine

Katja

b Wähle das passende Bild, **a** oder **b**!

1a  **1b**  **2a**  **2b**

3a  **3b**  **4a**  **4b**

5a  **5b** 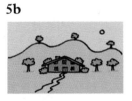 **6a**  **6b**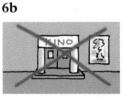

7a   **7b**   **8a**  **8b**

❷ Einen Brief schreiben

Schreib einen Brief zurück! Schreib über:

- dich und deine Familie
- Haustiere
- Schule und Schulfächer
- deinen Tagesablauf

- deinen Wohnort
- dein Haus
- dein Zimmer
- deine Interessen

TIPS • TIPS • TIPS • TIPS • TIPS • TIPS • TIPS

1 Schreib oben rechts den Ort und das Datum!

Newtown, den 5. Juni

2 Schreib 'Liebe' (weibliche Form) oder 'Lieber' (männliche Form) plus den Namen! Oder schreib 'Hallo' plus den Namen!

Liebe Verena!

Lieber Holger!

Hallo Martin!

3 Schreib 'Danke für Deinen Brief'!

4 Frag 'Wie geht's?'

5 Plan den Inhalt:
Absatz 1 Informationen über mich.
Absatz 2 Familie und Haustiere.

Mach Notizen zu jedem Absatz!

Ich heiße…
Ich bin 15 Jahre alt
habe blonde Haare
bin ziemlich groß…

6 Schreib den Brief!

7 Stell am Ende Fragen:
- Was ißt Du gern?
- Was ist Deine Lieblingsgruppe?

8 Mach Schluß! Schreib 'Schreib bald!'

9 Schreib 'Deine' (weibliche Form) oder 'Dein' (männliche Form) plus deinen Namen!

Deine Sarah

Dein Tim

10 Schreib auf der Rückseite des Umschlages 'Absender' plus deinen Namen und deine Adresse!

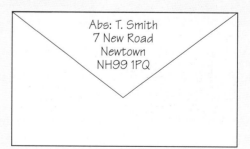

Abs: T. Smith
7 New Road
Newtown
NH99 1PQ

Projekt 1 . . . .

Die ersten Kontakte mit Deutschland

Das Szenario

Deine Schule hat gerade ein Päckchen von einer Schule in Deutschland bekommen. Darin sind Informationen, Fotos, Diagramme und eine Kassette. Diese Schule will einen Austausch machen.

Deine Klasse soll Materialen für die deutsche Schule vorbereiten.

Die Aufgaben

Arbeitet in Gruppen von vier oder fünf!

Hör zuerst der Kassette zu! Zwei junge Deutsche stellen sich vor. Jetzt bereitet jede Person in der Gruppe einen ähnlichen Kassettenbrief vor. Sprich über dich, deine Familie und Haustiere, Schule und Schulfächer, deinen Tagesablauf, deinen Wohnort, dein Haus, dein Zimmer, deine Interessen!

Mein Traumberuf ist Astronautin.

Mein Traumberuf ist Ärztin.

Mein Traumberuf ist Schauspielerin.

Mein Traumberuf ist Dolmetscher.

Mein Traumberuf ist Schriftsteller.

Mein Traumberuf ist Pilot.

Lies die Informationen auf Seite 47!

Jede Person in der Gruppe wählt eine Aufgabe von dieser Liste:

- Mach ein Klassenfoto oder zeichne deine Klassenkameraden! Finde ihre Traumberufe heraus und schreib sie auf das Bild wie im Beispiel oben!

- Mach eine Umfrage über die beliebtesten Sportarten im Fernsehen! Zeichne ein Diagramm!

- Beurteile deine Gegend! Zeichne eine Tabelle mit den Informationen über Freizeit und Tourismus wie im Beispiel!

- Mach Brainstorming! Was gibt es in deiner Stadt für junge Leute, ältere Leute, Familien? Zeichne deine Resultate wie im Beispiel!

- Mach eine Umfrage über Lieblingsfächer! Zeig die Resultate in einem Diagramm oder in einer Tabelle!

Die beliebtesten Sportarten im Fernsehen in Deutschland

%
35
30
25
20
15
10
5
0

Fußball — Tennis — Motorsport — Leichtathletik — Boxen — Sonstige — Ich sehe keine Sportsendungen — Ich weiß nicht

Freizeit

✓ viele	Hotels
✓	Gasthäuser
✗	Zeltplätze
5 ✓	Lebensmittel Geschäfte
3 ✓	Mode Geschäfte
2 ✓	Souvenir Geschäfte
✓	Andere Geschäfte
2 ✓	Kneipen
5 ✓	Restaurants
1 ✓	Parkplätze
✗	Verkehrsamt / Information

Tourismus

✗	Theater
1 ✓	Kino
✗	Freizeit- zenuen
2 ✓	Schwimm- bäder
✓	Eishalle
✓	Bowling
	Nacutleben
1 ✓	Museen
2 ✓	Galerien
1 ✓	Schlösser
✓	Grüne Anbigen
✓	Sportige Aktivitäter

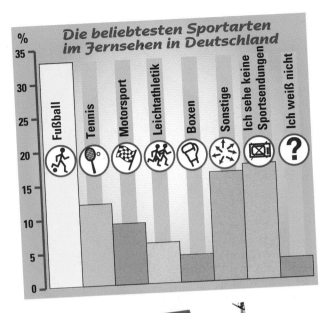

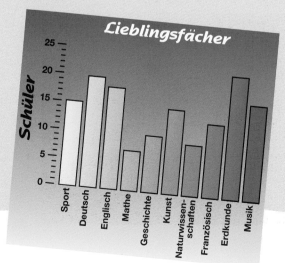

Hallo! Klasse 4 stellt sich vor!

Brainstorming

Sportzentrum — Kino
junge Leute
Eishalle — Kneipen — Disko

Schloß — Park
ältere Leute
Museen — Galerien

Lebensmittelgeschäfte — Bowling
Familien
Restaurants — Parkplatz

Lieblingsfächer

Schüler
25
20
15
10
5
0

Sport — Deutsch — Englisch — Mathe — Geschichte — Kunst — Naturwissen- schaften — Französisch — Erdkunde — Musik

9 Auf dem Verkehrsamt ....

❶ Im Verkehrsbüro

Wähle die passenden Bilder zu den Fragen!

Beispiel: 1 = *c*

1 Haben Sie einen Stadtplan, bitte?

2 Ich hätte gern eine Liste von Hotels.

3 Haben Sie bitte eine Broschüre über die Stadt?

4 Ich möchte eine Liste von Restaurants.

5 Entschuldigen Sie bitte. Haben Sie einen Fahrplan?

❷ 'Ich bin zum ersten Mal in Münster…'

Du hörst drei Touristen im Verkehrsbüro. Lies dann die Sätze!
Sind sie richtig oder falsch? Korrigiere die falschen Sätze!

Beispiel: 1a = *Richtig*.

1 a Der Herr möchte einen Stadtplan von Münster.
  b Der Stadtplan kostet eine Mark.
  c Er möchte auch einen Fahrplan.
2 a Die Dame möchte eine Broschüre auf deutsch.
  b Sie möchte auch einen Zugfahrplan.
  c Die nächste Bushaltestelle ist rechts an der Post.
3 a Der Herr ist zum ersten Mal in Münster.
  b Er macht eine Stadtrundfahrt.
  c Er hätte auch gerne einen Stadtplan.

Haben Sie | eine Broschüre über die Stadt?
Ich möchte | eine Liste von Hotels/Restaurants/Campingplätzen usw.
Ich hätte gerne | einen Stadtplan/Fahrplan.

Was kann man in ... machen?
Gibt es viele Sehenswürdigkeiten?

Was kostet das? | Das ist kostenlos.

③ Was kann man in Münster machen?

 Hör zu und mach Notizen!

	jeden Tag	Samstag	Sonntag	Montag
was? wann? (von) wo?	Stadtrundfahrt			

④ Partnerarbeit

A ist Tourist/Touristin. **B** arbeitet im Verkehrsamt. Macht weitere Dialoge!

Beispiel: **B** *Guten Tag, kann ich Ihnen helfen?*
A *Guten Tag. Ich hätte gern einen Stadtplan.*
B *Hier, bitte sehr.*
A *Danke. Was kostet das?*
B *Der Stadtplan ist kostenlos.*

A *Haben Sie auch eine Liste von Hotels?*
B *Ja, hier. Möchten Sie sonst noch etwas?*
A *Ja, ich möchte eine Broschüre über die Stadt.*
B *Gerne - hier, bitte.*

1
B Guten Tag, kann ich Ihnen helfen?

A

B Hier, bitte sehr.

A

B Das ist kostenlos.

A

B Möchten Sie sonst noch etwas?

A

B Gerne - hier, bitte.

2
B Guten Tag, kann ich Ihnen helfen?

A

B Hier, bitte sehr.

A

B Das ist kostenlos.

A

B Möchten Sie sonst noch etwas?

A

B Gerne - hier, bitte.

Wir fahren nach Wien! ●●●●●●●●●●●●●●●●●●●

⑤ Klassenreise nach Wien

Du schreibst einen Brief an das Verkehrsamt. Ergänze die Lücken!

1 _____

Sehr geehrte Damen und Herren,

ich bin 2_____ der Klasse
3_____ aus 4_____ .
Wir möchten 5_____ eine
Klassenreise nach 6_____
machen. Könnten Sie mir bitte
7_____ und 8_____
zusenden? Ich hätte auch gerne
9_____ .

Mit freundlichen Grüßen,

10_____

1 **Datum**

2

3 **deine Klasse**
4 **dein Wohnort**

5 JULY

6 *Vienna*

7 HOTELS

8 Wien

9 WIEN

10 **deine Unterschrift**

⑥ 'Hier ist das Verkehrsbüro Wien…'

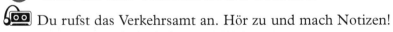 Du rufst das Verkehrsamt an. Hör zu und mach Notizen!

Telefonnummer:

Faxnummer:

Adresse:

geöffnet – montags bis freitags:

　　　samstags:

　　　sonntags:

7 Informationen über Wien

Lies die Broschüre und beantworte die Fragen!
Schreib ganze Sätze!

Schloss
Schönbrunn

Wiener **Straßenbahn-museum**
3, Erdbergstraße 109
Tel. 7909-44 903
4. Mai–6. Oktober
Sa, So, Ftg 9–16
U3, Tram 18, 72:
Schlachthausgasse

Stadtrundfahrten mit
der Oldtimer-Tramway:
4. Mai–6. Oktober
Sa, So, Ftg 11.30 und
13.30, So, Ftg auch
9.30 ab Karlsplatz
Karten: Informations-
stelle der Wiener Linien,
U-Bahn-Station Karlsplatz,
Tel. 7909-44 026

Mozart

WIENER MOZART-KON-
zerte in historischen Kostü-
men erleben Sie von 1.5. bis 2.11.
(Mi., Fr., Sa.) in Konzerthaus, Mu-
sikverein und Hofburg. Und im
Sommer vor dem Schloss Schönbrunn. Mit Ihrer Wien-Karte gibt's
beim Mozart-Shop eine Gratis-Mu-
sikkassette. Information und Karten
in Ihrem Hotel und in Kartenbüros.

BESTAUNEN SIE DIE PRÄCH-
tige Sommerresidenz der
Habsburger täglich von 8.30 bis
17 Uhr (bis Ende März und ab
November bis 16.30 Uhr).

13.,
Schönbrunner
Schloss-Strasse
U4, Tram 10, 58:
Schönbrunn
L2 174

Belvedere

Österreichische Galerie
Täglich außer Montag 10–17
Direktion: 3, Prinz-Eugen-Straße 27
Tel. 795 57-0

OBERES BELVEDERE
3, Prinz-Eugen-Straße 27, ♿
Österr. und internat. Kunst des
19. und 20. Jahrhunderts
Tram D: Schloß Belvedere

UNTERES BELVEDERE
3, Rennweg 6a, ♿, Museum mittel-
alterlicher Kunst und Barockmuseum
Tram 71: Unteres Belvedere

Gustav Klimt: Beethovenfries → Secession

GUSTINUS-AMBROSI-MUSEUM
2, Scherzergasse 1a, ♿, Tel. 21 64 022
Tram N, 5: Am Tabor

1 Wann ist Schloß Schönbrunn im
  Sommer geöffnet?
2 Wo ist das Naturhistorische Museum?
3 Welche Buslinie fährt zum
  Naturhistorischen Museum?
4 Wann ist das Belvedere geschlossen?
5 Wo finden die Wiener Mozart-
  Konzerte statt?
6 Was bekommt man mit der Wien-
  Karte im Mozart-Shop?
7 Wann ist das Straßenbahnmuseum
  geöffnet?
8 Was ist die Telefonnummer der U-
  Bahnstation Karlsplatz?

Naturhistorisches
Museum

DER REICHTUM DES NATUR-
historischen Museums: von
Dinosaurier-Skeletten bis zur welt-
grössten Insektensammlung, von
der 25.000 Jahre alten Figur der
Venus von Willendorf bis zu Me-
teoriten und Edelsteinen. Täglich,
ausser Dienstag, 9 bis 18 Uhr (im
Winter 1. Stock nur bis 15 Uhr)

1., Maria-Theresien-Platz
U2, U3: Volkstheater,
Tram D, J, 1, 2, 46, 49
Bus 48A: Dr.-Karl-
Renner-Ring *J5* 53

10 Im Hotel ●●●●●●●●●●●●●●●●●●●●●●●●●●●●●●

❶ Gibt es ein Hotel in der Nähe?

 a Sonja Adams ist im Verkehrsamt Münster. Wo ist ein Zimmer frei?
Hör zu und wähle das passende Bild!

Pension Meyer   Hotel Ansgarihof

b Hör noch einmal zu! Wähle die passenden Sätze!

1 Sonja Adams sucht
  a ein Haus.
  b ein Hotelzimmer.

2 Die Pension Meyer ist
  a nicht weit entfernt.
  b sehr komfortabel.

3 Sie möchte ein
  a Doppelzimmer mit Bad und WC.
  b Einzelzimmer mit Bad und WC.

4 In der Pension Meyer
  a sind noch Zimmer frei.
  b gibt es keine Zimmer mehr.

5 Das Hotel Ansgarihof ist
  a am Domplatz.
  b nicht komfortabel.

6 Im Hotel Ansgarihof ist
  a ein Doppelzimmer mit Bad und WC frei.
  b ein Einzelzimmer mit Dusche und WC frei.

❷ 'Haben Sie ein Zimmer frei?'

 Hör zu und mach Notizen!

Beispiel: *Herr Scholz sucht ein Doppelzimmer mit Bad…*

	🛏	🛏	🛁	🚿	📺	🏠	
	wie viele Nächte?			**Preis?**			
Herr Scholz sucht:							
Frau Dörl sucht:							

Haben Sie (ein) Zimmer frei?				
Ich möchte	ein	Einzelzimmer	mit	Bad/Dusche/WC/Fernsehen/Balkon/Telefon.
Ich suche		Doppelzimmer	mit	Halbpension/Vollpension usw.
			für	eine Nacht/… Nächte.

❸ Partnerarbeit

A sucht ein Hotelzimmer. **B** arbeitet im Hotel und antwortet. Macht weitere Dialoge!

Beispiel: **A** *Guten Tag. Haben Sie ein Zimmer frei?*
B *Für wie viele Nächte?*
A *Für drei Nächte, bitte.*
B *Ein Einzelzimmer oder ein Doppelzimmer?*
A *Ein Doppelzimmer, bitte.*
B *Ein Doppelzimmer mit Dusche und WC?*
A *Nein, ein Doppelzimmer mit Bad, bitte.*
B *Ja, wir haben ein Zimmer frei.*
A *Und was kostet das Zimmer, bitte?*
B *Das Zimmer kostet 200 Mark.*

A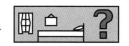

B

A

B

A

B

A

B Ja, wir haben ein Zimmer frei.

A

B

❹ Hotels, Hotels

Du suchst ein Hotel für deine Familie. Lies deine Notizen! Lies dann die Informationen! Welches Hotel paßt?

Hotel: zentral (Innenstadt)
         komfortabel
         für zwei Nächte
         mit Parkplatz

Zimmer: 2 Einzelzimmer,
         1 Doppelzimmer
         mit Frühstück

a

Privathotel mit außergewöhnlichem Landhauscharakter im Berliner Süden - nahe dem Industriegebiet Marienfelde. Höchster Komfort in gemütlichen Zimmern auf Raucher / Nichtraucher - Etagen - Traditionelles Ambiente und schlichte Eleganz harmonisch zusammengefügt. - Parkähnlicher Garten Tiefgarage - Sauna - Solarium - Tagungsraum - Wochenendtarife - Firmen - Sonderraten - Restaurant

HOTEL Landhaus Alpinia

Säntisstr. 32 - 34 (Nähe Trabrennbahn) 12107 Berlin - Mariendorf (Tempelhof)

b

BLATTL
COMFORT APARTHOTEL BERLIN

Komfortabel wohnen auf Zeit

in möbl. Appartements bis 50 m². Großzügiger Arbeitsplatz mit Telefon und Fax-Anschluß. Vollausgestattete Kitchenette. Bad mit Dusche/WC. Sauna, Solarium und Fitnessraum. Rezeptions-Service. Flexible Serviceabsprachen.

Holländer Straße 31 · 13407 Berlin Tel. 0 30 / 45 60 90 · Fax 0 30 / 45 60 98 00

c

HOTEL PANORAMA
AM ADENAUERPLATZ

IHR SCHLÜSSEL FÜR BERLIN

Lewishamstraße 1, D-10629 Berlin direkt am Kurfürstendamm
☎ 0 30 / 3 29 04-0 · Telefax: 030 / 3 29 04-200
Reservierung: 030 / 329 04-4
Parkplätze im Haus
Wir sind ein modernes Haus der Businessclass mit 126 Zimmern und 240 Betten, zum größten Teil mit Blick auf den Kurfürstendamm, Hotel-Bar und Restaurant.
Einzelzimmer: DM 160,00
Doppelzimmer: DM 240,00
inkl. Frühstücks-Buffet
Messepreise: DM 200,00 / 300,00

Ich habe ein Zimmer reserviert • • • • • • • • • • • • • • • •

5 Ich möchte ein Zimmer reservieren

 Hör zu und beantworte die Fragen in ganzen Sätzen!

Beispiel: 1a *Herr Hedeler möchte ein Zimmer für zwei Nächte.*

1 a Für wie viele Nächte möchte Herr Hedeler ein Zimmer?
  b Von wann bis wann möchte er das Zimmer?
  c Was für ein Zimmer möchte er?
  d Warum möchte er kein Zimmer mit Fernsehen?
  e Wo ist der Parkplatz?

2 f Was muß er tun, bevor er auf sein Zimmer geht?
  g Was ist seine Zimmernummer?
  h In welchem Stock ist sein Zimmer?
  i Wann gibt es Frühstück?
  j Wo ist das Frühstückszimmer?

> Ich möchte ein Zimmer reservieren.
> Ich habe ein Zimmer (vom ... bis ...) reserviert/gebucht.
>
> Gibt es | einen Fernsehraum?
> | einen Aufenthaltsraum?
> | einen Parkplatz?

6 Partnerarbeit

 A ruft an und möchte ein Zimmer reservieren. B arbeitet im Hotel. Macht weitere Dialoge!

Beispiel: **A** *Guten Tag, ich möchte ein Zimmer reservieren.*

      B *Für wie viele Nächte?*

      A *Für drei Nächte.*

      B *Und für wann, bitte?*

      A *Vom 1. bis zum 4. September.*

      B *Was für ein Zimmer möchten Sie?*

      A *Ein Einzelzimmer mit Bad und Dusche.*

      B *Mit Halbpension oder Vollpension?*

      A *Mit Halbpension.*

      B *Wie ist Ihr Name, bitte?*

      A *(Buchstabiere deinen Namen.)*

      B *Gut, Frau/Herr..., das geht in Ordnung.*

      A *Vielen Dank. Auf Wiederhören!*

A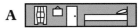

B Für wie viele Nächte?

A [☾ × 2]

B Und für wann, bitte?

A [16–18.9.]

B [⊞ | 🛏 ?]

A [🛏 + 🔺 + 🚽]

B [🛏🍴/🛏🍴🍴?]

A [🛏🍴🍴]

B Wie ist Ihr Name, bitte?

A *(Buchstabiere deinen Namen.)*

B [👍]

A [👍 👋]

7 Schriftliche Reservierung

Du schreibst einen Brief an das Hotel Seegrund.
Ergänze die Lücken!

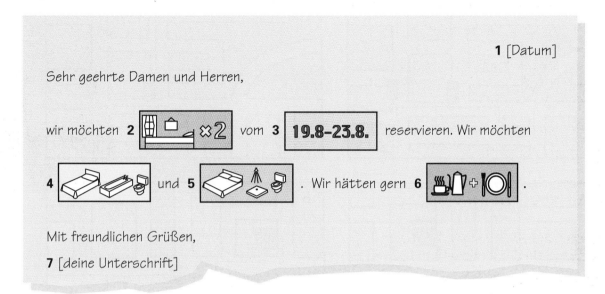

1 [Datum]

Sehr geehrte Damen und Herren,

wir möchten **2** ⬛⬛ vom **3** **19.8–23.8.** reservieren. Wir möchten

4 ⬛⬛ und **5** ⬛⬛ . Wir hätten gern **6** ⬛⬛ .

Mit freundlichen Grüßen,

7 [deine Unterschrift]

8 Es tut uns sehr leid...

a Lies den Brief und beantworte die Fragen in ganzen Sätzen!

Hotel zur Post

GOLDGASSE 23 28777 BREMEN
TEL.: 0421/60 20 31

Bremen, den 8. Juli 1997

Sehr geehrte Frau Klose,

vielen Dank für Ihren Brief vom 6. Juli. Leider haben wir vom 17. bis zum 19.
Juli kein Doppelzimmer mit Dusche, WC und Fernsehen frei. Wir können für Sie
zwei Einzelzimmer mit Bad und WC reservieren. Die Zimmer sind sehr komfortabel,
und wir haben einen Fernsehraum gleich nebenan. Die Zimmer sind mit
Halbpension. Sie kosten DM 140 pro Nacht.

Wir freuen uns auf Ihren Besuch und wünschen Ihnen einen angenehmen Aufenthalt.

Mit freundlichen Grüßen

1 Wann möchte Frau Klose ein Zimmer reservieren?
2 Was für ein Zimmer möchte sie?
3 Was für Zimmer hat das Hotel zur Post für sie?

b Schreib einen Brief an das Hotel zur Post und reserviere die Zimmer!
Der Brief von **Übung 7** und die Informationen von **a** helfen dir.

11 Wie komme ich zum Busbahnhof? •

① Wo ist die Post?

 Hör zu und wähle den passenden Stadtplan!

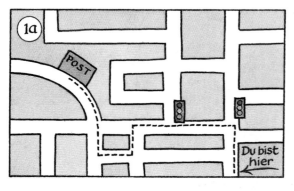

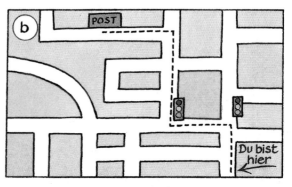

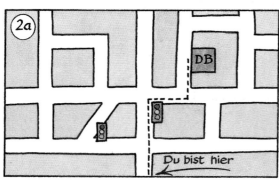

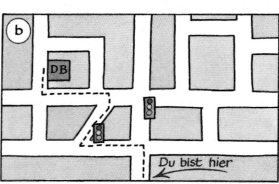

② Wie komme ich zum/zur...?

Wähle die passenden Bilder zu den Fragen!

Beispiel: 1 = *c*

1 Wie komme ich zum Rathaus?

2 Wie komme ich am besten zur Jugendherberge?

3 Wie komme ich zum Bahnhof?

4 Wie kommen wir am besten zum Schwimmbad?

5 Wie kommen wir zum Verkehrsamt?

6 Wie komme ich am besten zur Bank?

a   d

b   e

c    f

Ich suche den/die/das/einen/eine/eine...
Wo ist der/die/das (nächste)...?
Wie komme ich am besten zum.../zur.../zum...?

Gehen Sie/Fahren Sie geradeaus/links/rechts/bis zum/zur/zum...
Nehmen Sie die erste/zweite/dritte/nächste Straße links/rechts.
Biegen Sie am/an der/am ... links/rechts ab.

❸ Partnerarbeit

A fragt: 'Wo ist…?' **B** antwortet. Ihr seid beide am Marktplatz.
Seht den Stadtplan an und macht weitere Dialoge!

Beispiel: **A** *Wo ist die Post, bitte?*
B *Geh geradeaus bis zur Ampel. Dann gehst du nach rechts. Dort ist die Post.*

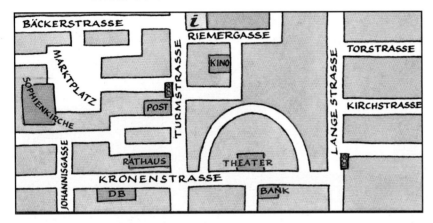

❹ Sie gehen rechts und dann geradeaus

 a Hör zu! Kopiere den Stadtplan und markiere den Weg
vom Mozarthaus zum Stephansdom!

Spaziergang durch Wien

Vom Mozarthaus sind es nur 250 Meter zum berühmten Stephansdom. Gehen Sie am Ende der Domgasse rechts die Blutgasse entlang. Gehen Sie bis zur Ampel und dann links. Sie gehen an der Oper vorbei und biegen nach 100 Metern rechts ab. Nehmen Sie dann die zweite Straße links und gehen Sie bis zum Marktplatz. Der Stephansdom ist links vom Marktplatz (Öffnungszeiten: montags - sonntags: 9 Uhr bis 19 Uhr).

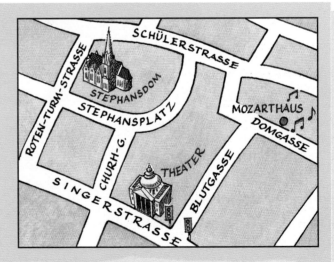

b Lies die Informationen oben und korrigiere die Fehler!

❺ Der Weg zum Theater

Sieh den Stadtplan von **Übung 4** an! Schreib dann den Weg vom
Mozarthaus zum Theater für einen Klassenkameraden auf.

Beispiel: *Geh am Ende der Domgasse…*

Wir fahren mit dem Bus ●●●●●●●●●●●●●●●●

⑥ 'Entschuldigen Sie bitte!'

Wähle die passenden Antworten zu den Fragen!

1 Wann fährt der nächste Bus nach Kiel?
2 Wo muß ich aussteigen?
3 Wo kaufe ich Fahrkarten?
4 Muß ich umsteigen?
5 Wo ist die nächste Bushaltestelle?

a Nein, der Bus fährt direkt.
b Die gibt es im Bus.
c Um Viertel nach drei.
d Dort drüben links.
e Sie steigen am Dom aus.

Wann fährt der nächste Bus nach...?
Wie lange dauert die Fahrt?
Wo ist die nächste Bushaltestelle?
Muß ich umsteigen?
Wo muß ich umsteigen/aussteigen?

Ja, Sie müssen am/an der/beim/bei der ... umsteigen.
Nein, der Bus fährt direkt.

Wo kaufe ich | Fahrkarten/einen Fahrplan?
Wo gibt es

⑦ Die Auskunft

Du willst von Pinneberg nach Hamburg fahren. Du rufst die
Auskunft am Busbahnhof an. Hör zu und mach Notizen!

Buslinie	Abfahrt	Ankunft	umsteigen/aussteigen	Fahrkarten wo?
4				

8 Ausflug zum Tierpark

Deine Gruppe will morgen zum Tierpark-Hagenbeck fahren. Lies die Notizen! Lies dann den Fahrplan! Welcher Bus paßt am besten?

- Wann? Montag zwischen 9 Uhr und halb zehn
- Um wieviel Uhr? Wir müssen vor 11 Uhr da sein
- Wie? Am liebsten direkt

Busfahrplan Hamburg

Marktplatz → Tierpark-Hagenbeck

ab	umsteigen	an	Linie
7.11	Lutherstr. – Linie 1	8.32	7/1
8.07	direkt	9.12	3
9.11	Lutherstr. – Linie 1	10.32	7/1
9.15	Bahnhof – Linie 5	10.51	12/5
9.21	direkt	10.39	6
9.26	Lutherstr. – Linie 1	11.18	7/1
9.53	direkt	10.45	3

9 Partnerarbeit

 A fragt: 'Wann fährt der nächste Bus nach…?' **B** antwortet. Macht weitere Dialoge!

Beispiel: **A** *Wann fährt der nächste Bus nach Vegesack?*
B *Um Viertel nach drei.*
A *Muß ich umsteigen?*
B *Ja, du mußt am Marktplatz umsteigen.*
A *Und wo muß ich aussteigen?*
B *Du mußt beim Schwimmbad aussteigen.*
A *Wo gibt es Fahrkarten?*
B *Fahrkarten gibt es im Bus.*

1 **A** Wann fährt der nächste Bus nach Blumenthal?

B

A Muß ich umsteigen?

B

A Und wo muß ich aussteigen?

B

A Wo gibt es Fahrkarten?

B

2 **A**

B

A

B

A

B

A

B

10 Du bist dran

Schreib einen Brief an deinen Brieffreund/deine Brieffreundin! Beschreib den Weg mit dem Bus vom Bahnhof zu deinem Haus! Diese Fragen sollen dir helfen:

- wo ist die nächste Bushaltestelle?
- welche Buslinie?
- wo muß er/sie umsteigen/aussteigen?
- wo gibt es Fahrkarten?

12 Geld wechseln

① Was kostet das?

 Hör zu und wähle die passenden Preise!

1 a
DM 364.63

b
DM 346.63

3 a
Reisescheck
DM 170.87

b
Reisescheck
DM 117.78

2 a
DM 99.53

b
DM 53.99

4 a ÜBERNACHTUNG
DM 162-

b
ÜBERNACHTUNG
DM 216-

② In der Wechselstube

 Hör zu und mach Notizen!

	tauscht wieviel?	in ... um	bekommt wieviel?
Kunde 1 Kunde 2	£100		

Ich möchte bitte	... Pfund (um)tauschen/wechseln. für ... Pfund DM/Schweizer Franken/Schillinge.
Wie steht der Kurs im Moment?	

❸ Du bist dran

Du möchtest Geld tauschen. Mach Sätze mit den Bildern!

Beispiel: 1 *Ich möchte bitte 35 Pfund umtauschen.*

1 　　2 　　3

4 　　5 　　6

❹ Ich möchte Geld tauschen

Finde die richtige Reihenfolge für den Dialog!

Beispiel: 1 = *c*

a Für ein Pfund bekommen Sie 2 Mark 23.

b Nein, ich möchte D-Mark.

c Ich möchte 20 Pfund wechseln.

d 20 Pfund – Sie bekommen 44 Mark 60.

e Möchten Sie Schillinge?

f 44 Mark 60. Wie steht der Kurs im Moment?

❺ Partnerarbeit

A ist Kunde/Kundin. **B** antwortet. Macht weitere Dialoge!

Beispiel: **A** Ich möchte 50 Pfund wechseln.

B Möchten Sie D-Mark?

A Nein, ich möchte Schweizer Franken.

B 50 Pfund – Sie bekommen 132 Franken 50.

A 132 Franken 50. Wie steht der Kurs im Moment?

B Für ein Pfund bekommen Sie 2 Franken und 65 Rappen. Ist das alles?

A Ich möchte auch 20 Pfund in Schillinge wechseln.

B 20 Pfund – Sie bekommen 159 Schillinge.

1

A £20 £20 £20 £5 £10

B **D-Mark ?**

A **Schillinge**

B £50 £20 £5 **=503 Sch.**

A **Kurs ?**

B £1 **=78 Sch. Alles?**

A £10 ➜ Schw.Fr.

B £10 **= Fr50** 5 5 1

2

A £20 £20 £20

B **Schillinge?**

A **Schweizer Franken**

B £20 £20 **= Fr50 Fr50** 5 5

A **Kurs ?**

B £1 **=1 Fr.80 Alles?**

A £20 £5 ➜ Schillinge

B £20 £5 **= 387 Sch.**

Auf der Bank •••••••••••••••••••••••••••••••

⑥ Ja, bitte?

🔊 Hör zu und beantworte die Fragen in ganzen Sätzen!

1   a Was möchte die Frau?
    b Wohin muß sie gehen?
    c Wieviel Geld hat sie?
2   a Was möchte der Mann?
    b Was muß er machen?
    c Wieviel Geld bekommt er?
3   a Was sucht das Mädchen?
    b Wieviel Geld bekommt sie?
    c Wie möchte sie das Geld haben?

Ich möchte einen	Reisescheck Euroscheck Travellerscheck	einlösen.
Hier ist	meine Scheckkarte/mein Paß.	
Ich möchte	einen Hundertmarkschein. einen Fünfzigmarkschein. einen Zwanzigmarkschein. einen Zehnmarkschein. etwas Kleingeld/den Rest in Kleingeld.	

⑦ Wann hat die Bank auf?

Lies die Informationen! Wähle die passende Bank
zu den Aussagen auf Seite 63!

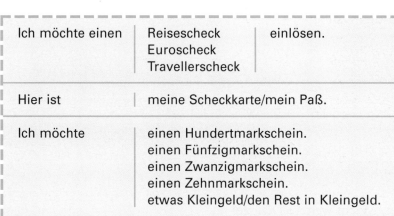

STADTSPARKASSE
Blumenthal, Cranzerstr. 56

ÖFFNUNGSZEITEN
Montags bis mittwochs von
10 Uhr bis 16 Uhr 30 geöffnet.
Donnerstags ist diese Filiale
von 9 Uhr bis 18 Uhr geöffnet.
Freitags 9 Uhr bis 14 Uhr.
Samstags 10 Uhr bis 13 Uhr.

DRESDNER BANK,
Filiale am Karlsplatz

NEUE ÖFFNUNGSZEITEN

Montags bis mittwochs
9 Uhr bis 13 Uhr,
15 Uhr bis 17 Uhr.

Freitags
9 Uhr 30 bis 15 Uhr.

Am Samstag ist diese
City-Filiale nicht geöffnet.

SPARKASSE
OSTERHOLZ
Grader Weg 12

Montags ist diese Filiale
geschlossen.
Dienstags und mittwochs
9 Uhr bis 12 Uhr 30,
14 Uhr 30 bis 17 Uhr.
Donnerstags
9 Uhr bis 15 Uhr.
Freitags
9 Uhr 30 bis 13 Uhr,
15 Uhr bis 17 Uhr 30.
Samstags
9 Uhr bis 12 Uhr.

Ich arbeite donnerstags bis um halb sechs. Danach muß ich noch zur Bank.

a

Am Sonnabend will ich vor zehn bei der Bank sein.

b

Welche Bank hat Freitag nachmittag nach fünf noch auf?

c

d

Meine Bank hat am Anfang der Woche durchgehend auf – bis um halb fünf.

Ich suche eine Bank direkt in der Innenstadt.

e

8 Wie hätten Sie das Geld gerne?

 Hör zu und mach Notizen!

	DM 100	DM 50	DM 20	DM 10	(2)(5)(1)(1)(2)
Herr May Frau Lauer		1		1	✓

9 Partnerarbeit

 A ist Kunde/Kundin. **B** ist an der Kasse. Macht Dialoge!

Beispiel: **B** *Sie bekommen 145 Mark. Wie hätten Sie das Geld gerne?*
A *Einen Hundertmarkschein, einen Zwanzigmarkschein und zwei Zehnmarkscheine.*
B *Und den Rest?*
A *Den Rest in Kleingeld, bitte.*

1

DM 149 =

2

DM 173 =

3

DM 68 =

Grammatik 2a ••••••••••••••••••••

❶ Fragen, Fragen, Fragen…

Wähle die passenden Fragewörter zu den Sätzen!

Beispiel: 1 = d

1	Wer	a	fährt der Bus?
2	Wie	b	kann man in Kiel machen?
3	Warum	c	kostet die Karte?
4	Wo	d	möchte in die Stadt fahren?
5	Wie lange	e	komme ich am besten nach Hamburg?
6	Was	f	hat das Museum nicht geöffnet?
7	Wohin	g	dauert die Stadtrundfahrt?
8	Wieviel	h	ist die nächste Bushaltestelle?

❷ Du bist dran

Schreib Fragen zu den Antworten!

Beispiel: 1 *Wieviel kostet der Schlüsselanhänger?*

1 Der Schlüsselanhänger kostet acht Mark.
2 Das ist unser Klassenlehrer.
3 Das Frühstückszimmer ist hier links.
4 Frühstück gibt es von sieben bis neun.
5 Der Bus fährt nach Münster.
6 Es ist Viertel vor sieben.
7 Ich möchte einen Stadtplan kaufen.
8 Die Stadtführung dauert eine Stunde.

❸ Der Imperativ

Schreib die Sätze richtig aus!

Beispiel: 1 *Gehen Sie bis zur Ampel!*

1 bis Sie Ampel gehen zur !

2 ab hier biegen Sie rechts !

3 Sie links und dann fahren geradeaus !

4 die Straße erste links Sie nehmen !

5 geradeaus Sie immer gehen !

6 Kreuzung fahren zur Sie bis !

❹ Du bist dran

Schreib Imperativ-Sätze!

Beispiel: 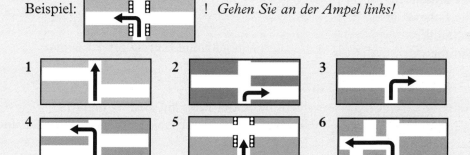 ! *Gehen Sie an der Ampel links!*

1   2   3

4   5   6

❺ Wie komme ich zum…?

Ergänze die Lücken!

	männlich	weiblich	sächlich	Plural
NOM.	der	die	das	die
DATIV	zum (zu dem)	zur (zu der)	zum (zu dem)	zu den

Beispiel: 1 *Wie komme ich zum Bahnhof?*

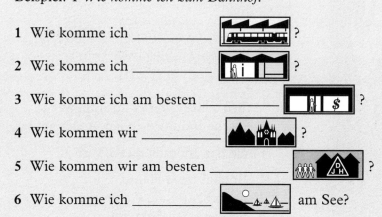

1 Wie komme ich _____ ?

2 Wie komme ich _____ ?

3 Wie komme ich am besten _____ ?

4 Wie kommen wir _____ ?

5 Wie kommen wir am besten _____ ?

6 Wie komme ich _____ am See?

Extra 2a ....

Ein Wörterbuch benutzen – 2

1 Der Plural

Bus der; ~ses, ~se bus   **Fahrkarte die; ~n, ~n** ticket   **Fahrschein der; ~e, ~e** ticket

Stadt die; ~e, Städte town   **Zimmer das; ~s, ~** room

Der Plural steht immer vor der englischen Übersetzung:

> Bus der; ~se = die Busse
> Fahrkarte die; ~n = die Fahrkarten
> Fahrschein der; ~e = die Fahrscheine
> Stadt die; Städte = die Städte
> Zimmer das; ~ = die Zimmer

Es gibt keine festen Regeln für den Plural im Deutschen (im Englischen zum Beispiel ist der Plural fast immer **-s**). Das heißt: es gibt sehr viele verschiedene Pluralformen im Deutschen.

TIP · TIP · TIP · TIP · TIP

Lerne jedes neue Hauptwort mit seiner Pluralform.

Sieh die Bilder links an! Benutz dein Wörterbuch! Schreib beide Formen (Singular und Plural) auf!

2 Verben

fahren 1. *unr. itr. V.; mit sein* **a)** (*als Fahrzeuglenker*) drive; (*mit dem Fahrrad, Motorrad usw.*) ride: (*als Mitfahrer; mit öffentlichem Verkehrsmittel*) go

helfen *unr. itr. V.*; help; **jdm. [bei etw.]** ~: help sb [with sth.]

spielen 1. *itr. V.* **a)** play; **auf der Gitarre** ~ : play the guitar

Verben stehen immer im Infinitiv. Deutsche Infinitive enden immer auf **-n**.

Finde den Infinitiv dieser Verben!

1 Er läuft nach Hause.
2 Du arbeitest am Computer.
3 Sie sieht den Bahnhof.
4 Er liest Zeitung.
5 Ich schreibe einen Brief.

③ Trennbare Verben

ab|fahren 1. *unr. itr. V.; mit sein* **a)** *(wegfahren)* leave; **wo fährt der Zug nach Paris ab?** where does the Paris train leave from?

ụm|steigen *unr. itr. V.* change

ẹin|kaufen 1 *itr. V.* shop

Trennbare Verben stehen auch immer im Infinitiv. Trennbare Verben erkennst du an dem Strich | zwischen Verb und Präfix.

Finde die Infinitive dieser trennbaren Verben!

1. Thomas wäscht ab.
2. Susanne sieht abends fern.
3. Mein Zug fährt um 10 Uhr ab.
4. Morgens stehe ich immer um 7 Uhr auf.
5. Wann kommt der Bus in Bremen an?

TIPS · TIPS · TIPS · TIPS · TIPS

- Schau nicht jedes einzelne Wort nach, das du nicht verstehst. Du kannst oft die Bedeutung raten. Der Kontext (das heißt: die anderen Wörter) helfen dir dabei.

- Viele Wörter haben verschiedene Bedeutungen. Wenn du ein deutsches Wort suchst, schau zuerst im Englisch–Deutsch-Teil des Wörterbuchs nach; zum Beispiel: *table*: Tisch der; Tabelle die. Schau dann noch einmal im Deutsch–Englisch-Teil nach. So weißt du, daß du das richtige Wort gefunden hast.

- Frag deinen Lehrer/deine Lehrerin, wie unbekannte Wörter ausgesprochen werden. Übe die Aussprache (zum Beispiel mit dem Tonband/der Kassette), bevor du die neuen Wörter benutzt.

Frau Whitfield, wie heißt *station* auf deutsch?

Das heißt **der Bahnhof**.

Und was ist der Plural von **der Bahnhof**?

Der Plural von **der Bahnhof** ist **die Bahnhöfe**.

Herr Smith, wie spricht man dieses Wort aus?

Das spricht man **der Fahrkartenschalter** aus.

Und was bedeutet **der Fahrkartenschalter**?

Das bedeutet *ticket office*.

13 Wir kaufen Andenken ···········

❶ Wo kaufe ich…?

Lies die Sätze und wähle
die passenden Bilder!

b

c

d

> **1** Ich muß noch
> eine Ansichtskarte
> an meine Oma
> schicken!

> **2** Das T-Shirt dort
> gefällt meiner
> Schwester bestimmt!

> **3** Techno-Pop aus Deutschland
> für meinen Bruder – super!

> **4** Meine Mutter ißt
> gern Süßes – am
> liebsten Pralinen.

❷ Susi und Anja kaufen Ansichtskarten

🔊 Hör zu und beantworte die Fragen! Schreib ganze Sätze!

1 Was kosten die Karten?
2 Wie viele Karten kauft Anja?
3 Wer bekommt Anjas Karten?
4 Wie viele Karten kauft Susi – und für wen?
5 Was kosten Anjas Karten?
6 Wieviel bekommt sie zurück?
7 Wieviel muß Susi bezahlen?
8 Wo gibt es Briefmarken?

	kostet	dieser	Film/Schlüsselanhänger?
Was	kostet	diese	Schokolade/CD/Zeitschrift?
Wieviel	kostet	dieses	Buch/T-Shirt/Parfüm?
	kosten	diese	Ansichtskarten/Pralinen?

Das ist mir (ein bißchen) zu teuer! Haben Sie	noch andere?
	etwas Billigeres?

Ich nehme ihn./Den nehme ich.
Ich nehme sie./Die nehme ich.
Ich nehme es./Das nehme ich.
Ich nehme sie./Die nehme ich.

③ Die Einkaufsliste

Du schreibst eine Einkaufsliste für deine Klassenkameraden. Schreib die passenden Wörter auf!

Beispiel: 1 *Eine Ansichtskarte.*

1   2   3   4

5   6   7   8

④ Im Andenkenladen

 Hör zu und mach Notizen!

Das Mädchen sucht…
Die Verkäuferin zeigt…
Warum nicht?
Sie nimmt…
Warum?
Preis?

⑤ Partnerarbeit

A sucht ein Geschenk. B ist der Verkäufer/die Verkäuferin.
Macht weitere Dialoge!

Beispiel:

B	*Guten Tag, was darf es sein?*		**B**	Guten Tag, was darf es sein?
A	*Ich suche ein Geschenk für meine Mutter.*		**A**	
B	*Pralinen vielleicht?*		**B**	
A	*Was kosten die Pralinen?*		**A**	
B	*Sie kosten 15 Mark.*		**B**	DM 19,95
A	*Nein, das ist mir zu teuer. Haben Sie etwas Billigeres?*		**A**	Zu teuer. Billigeres?
B	*Wie wär's mit Schokolade?*		**B**	
A	*Was kostet die Schokolade?*		**A**	
B	*Acht Mark.*		**B**	DM 6,50
A	*Ja, die nehme ich.*		**A**	OK.

Briefmarken kaufen ●

❻ Briefmarken

 Hör zu und wähle die passenden Bilder!

Beispiel: Kunde 1 = *3*

1    2  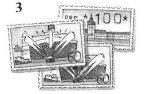   3   4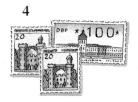

❼ Auf der Post

 Hör zu und wähle die passenden Sätze!

1 Der Kunde möchte
  a einen Schalter.
  b Briefmarken.

2 Eine Postkarte nach England kostet
  a achtzig Pfennig.
  b eine Mark.

3 Ein Brief mit Luftpost kostet
  a zwanzig Pfennig.
  b eine Mark zwanzig.

4 Zusammen bezahlt er
  a drei Mark und achtzig Pfennig.
  b eine Mark zwanzig.

5 Die Frau möchte
  a ein Päckchen aufgeben.
  b ein Päckchen abholen.

6 Es kostet
  a acht Mark fünfzig.
  b fünf Mark achtzig.

7 Sie möchte Briefmarken zu
  a zwei Mark achtzig.
  b einer Mark.

8 Drüben links ist der
  a nächste Schalter.
  b nächste Briefkasten.

8 Kreuzworträtsel

Schreib die passenden Wörter auf!

9 Partnerarbeit

A möchte Briefmarken. **B** arbeitet in der Post.
Macht weitere Dialoge!

Beispiel: **A** *Was kostet eine Postkarte nach Frankreich?*
B *Eine Mark.*
A *Und was kostet ein Brief nach England?*
B *Eine Mark zwanzig.*
A *Ich möchte zwei Briefmarken zu einer*
Mark und eine zu einer Mark zwanzig.

14 Wir gehen aus ●●●●●●●●●●●●●●●●

❶ Wochenende in Köln

 Hör zu und mach Notizen!

	wo?	was?	wann?	Preis?	Telefonnummer?
Freitag					
Samstag					

❷ Was machen wir?

 Hör zu! Lies dann die Sätze! Sind sie richtig oder falsch? Korrigiere die falschen Sätze!

Beispiel: 1 = *Falsch. Mascha und Tom wollen am Sonnabend ausgehen.*

1 Mascha und Tom wollen am Sonntag ausgehen.
2 Tom möchte ins Theater gehen.
3 Mascha hat aber keine Lust.
4 Sie möchte ins Kino gehen.
5 Tom möchte lieber essen gehen.
6 Mascha mag keine vegetarischen Restaurants.
7 Sie gehen in die Disco am Bahnhof.
8 Sie treffen sich um acht an der Bushaltestelle.

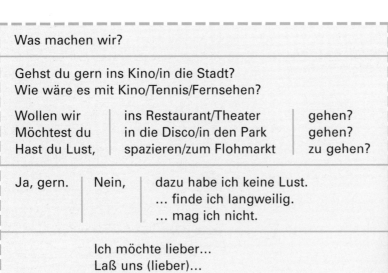

Was machen wir?

Gehst du gern ins Kino/in die Stadt?
Wie wäre es mit Kino/Tennis/Fernsehen?

Wollen wir	ins Restaurant/Theater	gehen?
Möchtest du	in die Disco/in den Park	gehen?
Hast du Lust,	spazieren/zum Flohmarkt	zu gehen?

Ja, gern.	Nein,	dazu habe ich keine Lust.
		… finde ich langweilig.
		… mag ich nicht.

Ich möchte lieber…
Laß uns (lieber)…

❸ Gruppenarbeit

a Stell Fragen in einer Gruppe von vier oder fünf Personen!
'Gehst du gern ins Kino/in die Disco…?'
Schreib die Antworten auf!

Beispiel: *Kate geht gern ins Kino.*
Sie findet Disco langweilig.

b Du bist dran. Schreib deine eigenen Antworten auf!

❹ Partnerarbeit

Seht die Bilder an! Wählt:
1 was ihr machen wollt
2 wo ihr euch trefft
3 wann ihr euch trefft

Beispiel: **A** *Hast du Lust, ins Kino zu gehen?*
B *Nein, Kino finde ich langweilig.*
A *Wollen wir fernsehen?*
B *Nein, dazu habe ich keine Lust.*
A *Wie wäre es mit essen gehen?*
B *Ja, gute Idee. Wo treffen wir uns?*
A *Am Bahnhof.*
B *Und wann treffen wir uns?*
A *Um 19 Uhr.*

❺ Umfrage

Mach eine Umfrage in der Klasse! Was macht ihr am Wochenende? Schreib die Resultate auf!

Beispiel: *10 Schüler/Schülerinnen gehen*
ins Kino.

❻ Heute abend gehe ich aus

a Sandra schreibt eine Nachricht an ihre Mutter. Ergänze die Lücken!

Hallo Mama!

Ich gehe heute abend **1**

_____ . Ich treffe mich

2 _____ mit Katja

und Lars **3** _____ .

Wir gehen zuerst **4**

_____ – in die Pizzeria

5 _____ . Danach

gehen wir **6** _____ .

Die Vorstellung beginnt **7**

_____ . Ich bin **8**

_____ wieder zu Hause.

Bis dann!

b Du bist dran. Was machst du heute abend/am Wochenende? Schreib eine Nachricht! Die Informationen von **a** helfen dir.

Wir gehen ins Kino ●

7 ## Was läuft im Kino 1?

 a Hör zu und wähle das passende Poster!

1

James & der Riesenpfirsich
Vorstellungen: Mo.–Fr. 15 Uhr, 17 Uhr 30 / ab 6

2

MISSION IMPOSSIBLE
ab 12 / 21 Uhr / 111 Min.

3

Schriller Klamauk mit Helge Schneider
PRAXIS
Doktor Hasenbein!
ab 18 / Fr.–Sa 2.30, 19.45, So. auch 12.00.

b Lies noch einmal die Poster! Lies dann die Sätze!
Welcher Film paßt zu wem?

1

Ich möchte mit meiner achtjährigen Tochter ins Kino gehen.

2

Meine Frau und ich wollen am Sonntag ins Kino.

3

Heute abend arbeite ich bis um acht. Danach gehe ich ins Kino.

8 ## Kino, Kino

Hör zu und wähle die passenden Sätze!

1 Im Kino 1 läuft
   a ein Film für Männer.
   b eine Komödie.
2 Die Vorstellungen beginnen
   a um 20 und um 22 Uhr.
   b um 12 und um 2 Uhr.

3 Dieser Film ist frei
   a ab 18 Uhr.
   b ab 18 Jahren.
4 In Kino 2 gibt es
   a einen Action-Film.
   b einen Rock-Film.

5 Dieser Film beginnt
   a um 16 Uhr.
   b um 15 und um 18 Uhr.
6 Karten für Schüler sind
   a billiger.
   b teurer.

9 'Zwei Karten, bitte.'

Finde die richtigen Antworten für die Fragen!

1 Wann beginnen die Vorstellungen?

a Ein Schweinchen namens Babe.

2 Was läuft heute abend?

b Das ist eine Komödie aus Australien.

3 Gibt es eine Ermäßigung für Schüler?

c Um 20 und um 22 Uhr.

4 Was für ein Film ist das?

d Der Film ist frei ab sechs.

5 Wie alt muß man sein, um den Film zu sehen?

e Ja – für Schüler kostet es 10 Mark.

10 Was kann man in Köln machen?

a Lies die Informationen und beantworte die Fragen in ganzen Sätzen!

TIPS UND TERMINE

FR 23.8.

ROCK + POP

KÖLN 0221

Dance Or Die
„Die schwarze Zone No.4" ist eine EBM und Gothic Party mit dem Live-Act Dance Or Die. Live Music Hall, Lichtstr. 30, 22 Uhr, 23 DM, ☎ 54 31 72.

Silent Cry
Rock aus Köln.
MTC, Zülpicher Str. 10, 21 Uhr, 10 DM, ☎ 240 41 88.

Axel Petry
„Jazz-Blues-Funk one man show", Tacheles-Theatercafe, Stammstr. 8, 20 Uhr.

PARTY

KÖLN 0221

Oregon Club
Detroit, Chicago, Progressive, Techo und House. 42 d.p., Hohenstaufenring 25, 23 Uhr, ☎ 24 79 71.

Klangblüten
House, TripHop, Jungle. Alcatraz, Kyffhäuserstr. 25, 20 Uhr, ☎ 2 40 91 89.

Lateinamerikanische Disco
Fiesta Latina im Club del Mambo, Glockengasse 9, 21 Uhr.

Disco
nach dem Film. E-Werk, Schanzenstr. 37, 22 Uhr, ☎ 96 27 9-10.

Planet Groove
Funk – Soul – Rock mit DJ Daniel. Herbrands, Herbrandstr. 21, 22 Uhr, ☎ 54 36 62.

MÄRKTE + FESTE

BONN 0228

Weinfest
AB 11 Uhr hat das Weindorf mit Live-Musik auf dem Münsterplatz geöffnet (bis zum 25. Aug.)

BRÜHL 02232

Öko-Markt
8-14 Uhr „Natur pur", Auf der Bleiche (hinter dem Kaufhof).

KINDER

KÖLN 0221

Kinderfest im Sommerhof
Riesige Fete – mit Mal-Maschine, Zauberer, Naschereien und vielen Überraschungen. Veranstalter: Jugend-Kunstschule Rodenkirchen und Werbegemeinschaft Sommershof. Köln-Rodenkirchen, Sommershof, Haupstr. 71-75, 15-18.30 Uhr, ☎ 35 45 52.

FÜHRUNGEN

KÖLN 0221

Luftfahrtmuseum:
Butzweilerhof, Butzweilerstraße 35, ☎ 59 19 09. Sa 17.8 u. So 18.8., 10-17 Uhr,

(Personalausweiserforderlich). Preis: Führung und Eintritt: DM 5/3.

Domführungen:
Sa 17.8., Mo 19.8. bis Fr 23.8.: 10, 11, 12, 13, 14 u. 15 Uhr, So 18.8.: 14 u. 15 Uhr. Treffp.: Hauptportal innen. Preis: DM 4/3. Info: ☎ 92 58 47-30.

Edith Stein
Sa 17.8., 10 Uhr, Treffp. Karmel Maria vom Frieden, Vor den Siebenbürgen 6. Preis: DM 8/5. Info: ☎ 92 58 47-30.

Domführungen in englischer Sprache
Sa 17.8., 10.30 Uhr, So 18.8. bis Fr 23.8., 14 Uhr, Treffpunkt: Hauptportal innen. Preis: DM 6/4. Info: ☎ 92 58 47-30.

---

1 Wo gibt es Rock aus Deutschland?

2 Wann beginnt die lateinamerikanische Disco?

3 Wie ist die Adresse von Planet Groove?

4 Bis wann findet das Weinfest in Bonn statt?

5 Wo ist der Öko-Markt in Brühl?

6 Wie ist die Telefonnummer vom Kinderfest in Köln?

7 Wann finden am Sonntag Domführungen statt?

8 Was kostet eine Domführung in englischer Sprache?

b Du bist dran. Lies noch einmal die Informationen!
Du bist in Köln. Was möchtest du gern machen?
Wähle drei Veranstaltungen und schreib Sätze!

Beispiel: *Ich möchte gern zum Luftfahrtmuseum gehen. Ich interessiere mich sehr für Flugzeuge.*

15 Essen und trinken ••••••••••••••••

❶ In der Imbißstube

a Was möchten die Kunden? Hör zu und schreib die passenden Bilder für jeden Kunden auf!

Beispiel: Kunde 1 = *a, f, j, l*

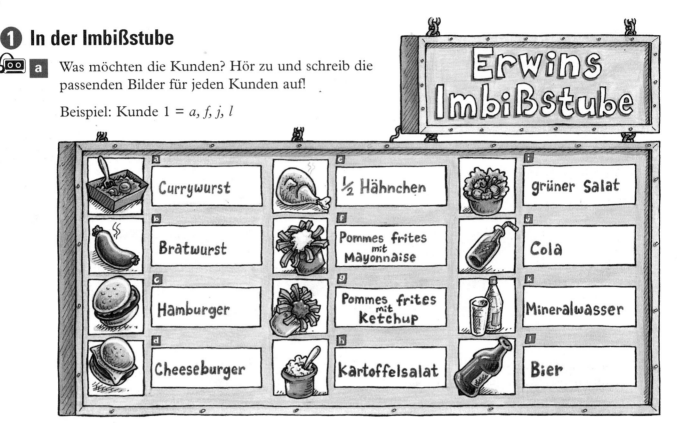

Erwins
ImbißStube

a Currywurst	**e** ½ Hähnchen	**i** grüner Salat
b Bratwurst	**f** Pommes frites mit Mayonnaise	**j** Cola
c Hamburger	**g** Pommes frites mit Ketchup	**k** Mineralwasser
d Cheeseburger	**h** Kartoffelsalat	**l** Bier

b **Partnerarbeit**. A ist Kunde in Erwins Imbißstube. B arbeitet dort.
Seht euch die Bilder von **a** an! Macht weitere Dialoge!

Beispiel:
A *Eine Bratwurst, bitte.*
B *Eine Bratwurst – bitte sehr.*
A *Und einmal Pommes frites, bitte.*
B *Mit Ketchup?*

A *Nein, mit Mayonnaise.*
B *Und zu trinken?*
A *Eine Cola, bitte.*

1
A Bestellt **c, h, g** und **k**.

2
A Bestellt **e, f, a** und **j**.

❷ Ina und Tom sind im Körnercafé

Hör zu und wähle die passenden Sätze!

1 Ina und Tom bestellen
  a zwei Colas und einen Kaffee.
  b eine Cola und einen Kaffee.

2 Ina nimmt
  a Spaghetti mit Tomatensauce.
  b die türkische Pizza.

3 Dazu bestellt sie
  a Kartoffelsalat.
  b einen grünen Salat.

4 Tom möchte
  a Nudelsalat.
  b Nudelauflauf.

5 Tom
  a ist Vegetarier.
  b ißt gerne Schinken.

6 Er bestellt
  a einen Gemüseburger mit Käse.
  b einen Gemüseburger ohne Käse.

> Herr Ober!/Frau Ober!
> Haben Sie einen Tisch frei?
> Die Speisekarte, bitte!/Kann ich bitte die Speisekarte haben?
> Ich möchte bestellen.
> Die Rechnung, bitte!/Zahlen, bitte!/Ich möchte zahlen!
> Stimmt so!/Danke, das stimmt so!

❸ 'Zahlen, bitte!'

 Hör zu und mach Notizen!

	zu essen/Preis	zu trinken/Preis	zusammen
Kunde 1			
Kunde 2			

❹ Partnerarbeit

Lest eure Notizen von **Übung 3**! A fragt: 'Was kostet… ?'
B antwortet. Macht weitere Dialoge!

Beispiel: **A** *Was kostet ein Stück Käsekuchen?*
B *Ein Stück Käsekuchen kostet 4 Mark 80.*

❺ Restaurants, Restaurants

a Lies die Informationen! Wähle das passende
Restaurant zu den Sätzen!

1 Ich esse gern Gerichte aus fremden
Ländern – am liebsten ganz exotisch!

2 Wir möchten gern im Freien essen.

3 Wir möchten traditionelle regionale
Gerichte probieren.

b Lies nochmal die Informationen und
beantworte die Fragen!

1 Welches Restaurant ist nichts für Vegetarier?
2 Welche Restaurants bringen den Kunden
das Essen nach Hause?
3 Welches Restaurant hat Platz für die
meisten Gäste?
4 Wo kann man direkt nebenan parken?

c Du bist dran. Welches Restaurant würdest du
wählen? Schreib deine Gründe auf!

a

China Restaurant **Südportal**
• von Chinesen direkt aus China betrieben
• mit staatlich gepr. Meisterkoch aus Shanghai
Öffnungszeiten:
Mo-Fr 11.30 -15.00 Uhr 17.30 - 23.30 Uhr
Sa, So und an Feiertagen 11.30 -23.30 Uhr
Außer-Haus-Lieferservice
Dufourstraße 6 • 04107 Leipzig • Telefon 0341 / 213 15 37

b

Hinaus ins Grüne... nur 2 km von Leipzig
* durchgehend kalte und **warme** Küche!
* Räumlichkeiten von 20 bis 450 Personen
* Räumlichkeiten aller Art
* Feierlichkeiten aller Art
* Kongreß- und Tanzveranstaltungen
* Freisitz mit diversen Eisangeboten
* Außer-Haus-Service
tägl. ab 11.30 Uhr geöffnet!
Gasthof ZWEINAUNDORF
Zweinaundorferstr. 110 • 04457 Mölkau/bei Leipzig • Tel. 03 41/4 77 51 33

c **Orig. Bremer Grünkohl**
mit Kasseler, Bauchspeck, Pinkel,
Kochwurst und Salzkartoffeln bei
uns nur **DM 12.90**; auch für Ihre
Party gut und reichlich **DM 15,90**.
Grillstube Meyer und König,
Schwaneweder Straße 58 · Telefon
60 31 04

Im Supermarkt • • • • • • • • • • •

6 Im Lebensmittelgeschäft

🔊 Hör zu und mach Notizen!

	was?	wieviel?	Preis?
Junge			
Mädchen			

Haben Sie	Kartoffeln/Brot?	
Ich möchte	ein Pfund/ein Kilo/100 Gramm	Äpfel/Tomaten/Schinken/Käse.
Ich hätte gern	eine (kleine/große) Flasche/Dose	Mineralwasser/Cola.
Geben Sie mir bitte	eine Tüte/Tafel	Kartoffelchips/Schokolade.

7 Wieviel darf's sein?

Wähle die passenden Beschreibungen zu den Bildern!

Beispiel: *Geben Sie mir bitte ein Kilo Kartoffeln.*

Geben Sie mir bitte:
ein Kilo…
ein Glas…
einen Becher…
eine Schachtel…
100 Gramm…
eine Dose…
eine Tafel…
eine Flasche…
eine Tüte…

8 Partnerarbeit

👥 **A** kauft ein. **B** ist Verkäufer/Verkäuferin. Macht weitere Dialoge!

Beispiel: **A** *Ich hätte gern ein Kilo Kartoffeln.*
B *Bitte sehr.*
A *Haben Sie Schinken?*
B *Ja, wieviel möchten Sie?*
A *200 Gramm, bitte. Und ein Pfund Käse.*
B *Ist das alles?*
A *Eine Tafel Schokolade, bitte.*
B *Sonst noch etwas?*
A *Ja, ich möchte eine Flasche Cola.*

⑨ 'Heute im Angebot...'

Hör zu und lies die Sätze! Sind sie richtig oder falsch? Korrigiere die falschen Sätze!

1 Im Ratio-Supermarkt gibt es heute viele Sonderangebote.
2 Grillwürste sind heute nicht billiger.
3 Schweinekoteletts kosten heute 8 Mark das Kilo.
4 Kopfsalat gibt es in der Fleischabteilung.
5 In der Lebensmittelabteilung gibt es billige Äpfel.
6 In der Bäckerei gibt es auch Sonderangebote.
7 Zehn Brötchen kosten heute 5 Mark.
8 Vollkornbrot kostet heute 8 Mark 30.

⑩ Das Grillfest

a Deine Klasse macht ein Grillfest im Park. Lies die Informationen! Was paßt nicht zum Grillfest?

Beispiel: *Eier ...*

b Schreib einen Einkaufszettel für ein Grillfest für vier oder fünf Klassenkameraden! Du darfst aber nicht mehr als 30 DM ausgeben!

Beispiel:

Ein Kilo Würstchen – 12 Mark 90...

c **Partnerarbeit**. A kauft für das Fest ein. B ist Verkäufer/Verkäuferin. Macht Dialoge!

Beispiel: **A** *Ich hätte gern ein Kilo Würstchen.*
B *Ein Kilo Würstchen – das macht 12 Mark 90.*

«hareico»
Wiener Würstchen
im zarten
Natursaitling,
100-g

1.29

6,66
Hackfleisch (Bratenmett)
gemischt, aus Rind- und
Schweinefleisch, 1 kg

Deutsche Frischeier,
Gütekl. A, Gew.Kl.
3, 30 Stück   **5,–**

Wernet
Waldhonig,
1000-g-Glas

5,–

1,99
Dtsch. Tafeläpfel Idared,
KL II, 2-kg-Tragetasche
oder ital. Moro-
Blutorangen, KL II,
2-kg-Netz

Hähnchenbrust,
HKL A, 1 kg

7,99

"Buitoni" ital. Teigwaren,
versch. Ausformungen,
500-g-Packung   **1,39**

16 Hilfe! ●●●●●●●●●●●●●●●●●●●●●●●●●●●●●●●●●

① Wo ruft man an?

Wähle die passenden Sätze zu den Bildern!

1

2 RETTUNGSWAGEN

3 112 FEUERWEHR RETTUNGSDIENST

a Feuer! Feuer! Meine Küche brennt!

b Hilfe! Meine Geldbörse – haltet den Dieb!

c Schnell! Schnell! Ein Unfall – dort drüben!

Was ist passiert?	Brauchen Sie Hilfe?
Wo tut es weh?	Sind Sie verletzt?

Ich brauche Hilfe!	
Bitte rufen Sie	die Polizei/die Feuerwehr/ einen Krankenwagen/einen Arzt!

② Was ist passiert?

Hör zu und mach Notizen!

	was ist passiert?	wo/wie ist es passiert?	wen rufen sie?
1			
2			

③ Der Einbruch

Hör zu und ergänze die Lücken im Polizeibericht!

POLIZEIAMT BREMEN-NORD

Polizeibericht   **Datum:** 6. November 1997

Was ist passiert?	1	_____
Wie ist es passiert?	2	_____
Was wurde gestohlen?	3	_____
Name:	4	_____
Adresse:	5	_____
Telefonnummer:	6	_____

4 Verkehrsunfälle!

 Hör zu und wähle die passenden Sätze!

1 Der erste Unfall ist
  a an einer Kreuzung passiert.
  b auf der Autobahn passiert.
2 Der Sportwagen
  a hatte Vorfahrt.
  b fuhr viel zu schnell.
3 Der andere Wagen
  a hatte Vorfahrt.
  b raste über die Kreuzung.
4 Es gab
  a Verletzte.
  b keine Verletzten.
5 Der zweite Unfall ist
  a auf der Autobahn passiert.
  b an einer Ampel passiert.
6 Der Motorradfahrer
  a fuhr bei Rot über die Ampel.
  b hatte keine Schuld.

7 Der Motorradfahrer
  a konnte nicht mehr bremsen.
  b kam von der Straße ab.
8 Er wurde
  a nicht verletzt.
  b schwer verletzt.

5 Noch mehr Unfälle!

Lies die Artikel und beantworte die Fragen in ganzen Sätzen!

1 Was ist auf der Autobahn Frankfurt-Kassel passiert?
2 Wie ist es passiert?
3 Warum ist der Unfall passiert?
4 Was passierte mit dem Fahrer?
5 Wer starb bei dem Flugzeugunglück?
6 Wo genau ist der Unfall passiert?
7 Wie ist der Unfall passiert?

Flugzeug bei Salzburg abgestürzt: Drei Tote

Wien (Reuter): – Beim Absturz eines Sportflugzeugs nahe Salzburg sind am Donnerstag alle drei Insassen ums Leben gekommen. Das Flugzeug, so die Polizei, sei rund 500 Meter außerhalb des Stadtgebiets in eine Wiese gestürzt. Es habe vermutlich Baumwipfel gestreift.

Sportwagenfahrer rast mit 250 Sachen in den Tod

Darmstadt/Friedberg: – Mit mindestens 250 Stundenkilometern ist der Fahrer eines Sportwagens am Donnerstag früh von der Autobahn Frankfurt-Kassel bei Friedberg abgekommen. Der italienische Wagen durchbrach die Leitplanke, prallte auf den Betonsockel einer Brücke und wurde von der Wucht regelrecht zerrissen. Der 28jährige Fahrer wurde auf eine Wiese geschleudert und starb noch an der Unfallstelle.

Ich bin verletzt! • • • • • • • • • • • • • • • • • •

6 Ich habe mich verletzt!

Wähle die richtigen Unterschriften zu den Bildern!

Beispiel: 1 = *e*

a Ich habe mir das Bein gebrochen!

b Ich habe mir den Arm verbrannt!

c Ich habe mir den Rücken verletzt!

d Ich habe mich in den Finger geschnitten!

e Ich habe mir das Knie verletzt!

f Ich bin ausgerutscht und hingefallen!

7 Ich brauche einen Arzt!

 Hör zu und lies die Sätze! Sind sie richtig oder falsch?
Korrigiere die falschen Sätze!

1 Thomas hat sich das Bein verletzt.

2 Er ist vom Rad gefallen.

3 Seine Mutter ruft den Arzt.

4 Die Frau braucht einen Arzt.

5 Sie hat Kopfschmerzen.

6 Der Mann ruft einen Krankenwagen.

❽ Partnerarbeit

A hatte einen Unfall. **B** hilft. Macht weitere Dialoge!

Beispiel: **B** *Was ist passiert?*
A *Ich bin hingefallen.*
B *Bist du verletzt?*
A *Ja, ich habe mir das Bein verletzt.*
B *Hast du Schmerzen?*
A *Ja. Bitte ruf einen Arzt!*

1

B Was ist passiert?

A

B Bist du verletzt?

A

B Hast du Schmerzen?

A

2

B Was ist passiert?

A

B Bist du verletzt?

A

B Hast du Schmerzen?

A

❾ Ich hatte einen Unfall

Ergänze die Lücken in Anjas Brief!

Liebe Silke,

ich hatte gestern einen **1** _____ ! Es passierte

an einer **2**  _____ . Ich bin mit einem anderen Radfahrer

3 _____ . Ich bin **4** _____ und

habe mir **5** _____ . Der andere Radfahrer war nicht

6  _____ . Er hat den **7**  _____ gerufen.

Viele Grüße,

Deine Anja

Grammatik 2b ● ● ● ● ● ● ● ● ● ● ● ● ● ● ●

	männlich	weiblich	sächlich	Plural
NOM.	der mein/dein	die meine/deine	das mein/dein	die meine/deine
DAT.	dem meinem/deinem	der meiner/deiner	dem meinem/deinem	den meinen/deinen

① Was schenkst du deinem Vater?

Schreib Sätze!

Beispiel: 1 *Was schenkst du deiner Mutter?*

1 Was schenkst du _____ ? (deine Mutter)
2 Ich kaufe _____ eine CD. (mein Bruder)
3 Ich muß _____ noch eine Ansichtskarte schicken. (meine Oma)
4 Gefällt _____ die Geldbörse? (dein Vater)
5 Ich kaufe _____ ein T-Shirt. (meine Freundin)
6 Was soll ich nur _____ schenken? (mein Freund)
7 Ich schicke _____ diesmal keine Karte. (meinen Eltern)
8 Schenkst du die Pralinen _____ ? (deine Schwester)

② Wo ist der Käse?

Wähle die passende Präposition für die Sätze!

Beispiel: 1 *Der Käse ist neben dem Schinken.*

1 Der Käse ist hinter/neben dem Schinken.
2 Die Pralinen sind auf/unter dem Regal.
3 Die Äpfel sind über/hinter den Tomaten.
4 Die Kartoffeln sind an/vor der Kiste.
5 Das Mineralwasser ist auf/über dem Boden.
6 Das Brot ist über/neben den Brötchen.

3 Wo treffen wir uns?

Schreib Sätze!

Beispiel: 1 *Wir treffen uns am Bahnhof.*

4 Akkusativ oder Dativ?

Ergänze die Lücken!

Beispiel: *Ich bin in **der** Bank.*

1 Ich bin in _____ Bank. (die/der)
2 Fahren Sie über _____ Kreuzung. (die/der)
3 Die Schokolade fällt auf _____ Boden. (dem/den)
4 Wir fahren an _____ See. (dem/den)
5 Wir treffen uns vor _____ Pension. (die/der)
6 Die Klasse fährt in _____ Stadt. (die/der)

5 *Kein* oder *nicht*?

Schreib negative Sätze mit *kein* oder *nicht*!

Beispiel: 1 *Ich esse **nicht** gern Schokolade.*

1 Ich esse gern Schokolade.

2 Meine Freundin hat Geschenke gekauft.

3 Ich esse Fleisch.

4 Wir gehen heute ins Kino.

5 Ich möchte Mayonnaise zu den Pommes frites.

6 Tom hat Geld umgewechselt.

Extra 2b ●●●●●●●●●●●●●●●●●●●●●●●●●●●●●

Sprechen

TIPS • TIPS • TIPS • TIPS • TIPS • TIPS • TIPS

- Versuch, so deutlich und klar wie möglich zu sprechen!

- Versuch, so interessiert und lebhaft wie möglich zu sprechen!

- Versuch, so 'deutsch' wie möglich zu sprechen. Nimm dich selber auf Tonband/Kassette auf und hör zu! Nimm dich dann noch einmal auf!

- Sprich deutsch mit deinen Freunden – in der Schule, zu Hause, in der Stadt...!

- Macht Dialoge (Partnerarbeit) zusammen! Übt die Fragen und Antworten zusammen und nehmt eure Dialoge auf Tonband/ Kassette auf!

- Wenn du eine Frage/einen Satz nicht verstanden hast, frag:

> Wie bitte?

> Wiederhole/Wiederholen Sie, bitte!

> Noch einmal, bitte!

> Können Sie/Kannst du die Frage wiederholen?

- Sei nicht in Eile! Nimm dir Zeit, bevor du antwortest!

- Beantworte Fragen in ganzen Sätzen und mit so viel Extra-Informationen wie du kannst!

- Sei auf unerwartete Probleme vorbereitet: im Hotel ist kein Zimmer frei, es gibt keine Fahrkarten usw.

- Denke daran, die richtige Zeitform (Gegenwart, Vergangenheit, Futur) zu gebrauchen!

- Benutz nicht immer die gleichen Ausdrücke/Phrasen, um deine Meinung zu sagen! Hier sind weitere Beispiele:

> Ich glaube, daß...

> Ich meine, daß...

> Ich denke, daß...

> Ich bin der Meinung, daß...

> Meiner Meinung nach...

① Kino, Kino

Partnerarbeit. A möchte Kinokarten. Dann ist **B** dran. Macht weitere Dialoge!

Beispiel: **A** *Guten Tag. Was läuft heute abend?*
B *Heute läuft 'Ein Schweinchen namens Babe'.*
A *Was für ein Film ist das?*
B *Das ist eine australische Komödie.*
A *Wann beginnen die Vorstellungen?*
B *Um 20 Uhr und 22 Uhr.*
A *Wie alt muß man sein, um den Film zu sehen?*
B *Der Film ist frei ab 6.*
A *Dann möchte ich gern zwei Karten für die 20 Uhr-Vorstellung, bitte.*

KINOPROGRAMM
VOM 6. JULI BIS 13. JULI 1997
Die Schauburg, Römerstraße 34

Toy Story (ab 12 J.)
Zeichentrickfilm aus den USA   15 Uhr, 18 Uhr, 20.30 Uhr

Mission Impossible (ab 16 J.)
Actionfilm mit Tom Cruise   17 Uhr, 19.45 Uhr, 22.30 Uhr

101 Dalmatiner (ab 6 J.)
Der Familienspaß! (US-Komödie)   13 Uhr, 15.30 Uhr, 18.15 Uhr

Oliver! (ab 6 J.)
Das Musical jetzt auch auf deutsch!   14.15 Uhr, 17 Uhr, 21.30 Uhr

2 Gehst du gern ins Kino?

Partnerarbeit. A stellt Fragen. **B** antwortet. Dann ist **B** dran.

Beispiel:

- Gehst du gern ins Kino?
- Warum (nicht)?
- Wie oft gehst du ins Kino?
- Mit wem gehst du ins Kino?
- Was kostet eine Kinokarte?
- Was für Filme magst du (nicht)?
- Warum (nicht)?
- Was ist dein Lieblingsfilm?

3 Seifenopern – täglich unter uns

Ein Poster des "Unter uns"-Fanclubs hängt in Tanjas Zimmer. Sie sammelt alles, was sie zu der Serie bekommen kann, z.B. Auto-gramme, T-Shirts und Fan-Zeit-schriften.

Sie kommen jeden Tag zu uns – die Stars der Vorabendserien im Fernsehen. Man braucht nur einzuschalten. Ein Millionenpublikum – vor allem die junge Generation – schaltet jeden Tag ein. Zum Beispiel zu *Unter uns*, eine deutsche 'Seifenoper' oder 'daily soap', die ein deutscher Privatsender seit zwei Jahren von montags bis freitags ausstrahlt. 3 Millionen Zuschauer sitzen dann vor dem Fernseher. Viele Jugendliche – wie Tanja – sind sogar Mitglied im *Unter uns*-Fanclub. "Unter uns – das ist mein Leben", sagt sie...

Tägliches Fern-sehen gehört zu Tanjas Leben. Dabei darf sie niemand stören. Ihr kleiner Bruder weiß das und ärgert sie manch-mal. Wenn etwas Witziges kommt, ruft Tanja ihre Mutter.

Diese Postkar-ten lassen Teenie-Herzen höher schlagen. Die ganz hart-näckigen Fans schreiben ihre Nachrichten an die Stars an die Mauern des Studios.

Was ist deine Meinung zum Thema 'Seifenopern'? Diskutiere das Thema in Gruppen von vier oder fünf Personen! Die Tips von Seite 86 helfen dir dabei.

Projekt 2 ···

Klassenreise nach Deutschland

Das Szenario

Deine Klasse will im Juli für eine Woche in ein deutschsprachiges Land (Deutschland, die Schweiz, Österreich) fahren. Wohin fahrt ihr am besten?

Arbeitet in Gruppen von vier oder fünf Personen! Jede Gruppe wählt eine andere Stadt.

*   **Die Aufgabe:** sammelt so viele Informationen über 'eure' Stadt wie möglich.

*   **Das Ziel:** ihr sollt die anderen Gruppen davon überzeugen, 'eure' Stadt als Klassenfahrtsort zu wählen.

Sammelt Informationen über:
*   die geographische Lage der Stadt
*   die Unterkunft
*   die Transportmöglichkeiten
*   was es alles in der Stadt gibt
*   was man dort alles machen kann

Die Aufgaben

- Sammelt Informationen aus Zeitschriften, Zeitungen oder Broschüren über eure Stadt! Ihr findet sie in der Schulbibliothek oder in der Bibliothek eurer Stadt.

- Schreibt an das Verkehrsamt der Stadt! Schreibt: wann ihr die Stadt besuchen wollt, was für Informationen ihr haben möchtet (Stadtplan, Broschüren, Listen von Hotels/Restaurants, Fahrplan usw).

- Partnerarbeit. Macht ein Poster über eure Stadt: Wo liegt sie? Was für eine Stadt ist es?

- Macht eine Broschüre für eure Stadt: Was gibt es dort alles? Was kann man dort machen? Wo kann man am besten übernachten?

- Macht eine 'Promo-Kassette' für eure Stadt: Nehmt die Informationen auf!

- Jede Gruppe stellt dann 'ihre' Stadt dem Rest der Klasse vor. Zeigt eure Poster und Broschüren; spielt eure Promo-Kassette vor! Euer Ziel: ihr sollt die anderen Gruppen davon überzeugen, daß 'eure' Stadt die beste ist!

Nachdem alle Gruppen 'ihre' Städte vorgestellt haben, wählt jede/jeder die Stadt, die ihr/ihm am besten gefallen hat.

17 Ferien •

1 Wo warst du in den Ferien?

 a Hör zu und wähle die passenden Bilder!

a

b

c

b Beantworte die Fragen in ganzen Sätzen!

1 Wo war Alex in den Sommerferien?
2 Wo hat er gewohnt?
3 Wie war das Wetter?
4 Wo war Frauke im vorigen Winter?
5 Mit wem war sie dort?

6 Was hat sie dort gemacht?
7 Wo hat Kai einen Sprachkurs gemacht?
8 Wie lange war er dort?
9 Wie ist er dorthin gefahren?

Dieses Jahr	fahren wir	nach Paris/an die Costa Brava/in die Alpen.
Nächstes Jahr	fliegen wir	nach Deutschland/in die USA/auf die Insel Rügen.
Letztes Jahr Voriges Jahr	waren wir sind wir	in Deutschland/in den USA/auf der Insel Rügen. nach … geflogen/gefahren.

Wir fahren Wir fliegen Wir sind	mit	dem Auto/dem Zug/der Bahn/dem Schiff/der Fähre. dem Flugzeug. … gefahren/geflogen.

Wir wohnen	in einem Hotel/Ferienapartment/in einer Pension/auf einem Campingplatz/ in einer Jugendherberge/bei einer Gastfamilie.
Wir haben	in/auf/bei … gewohnt/übernachtet.

❷ Umfrage .

Mach eine Umfrage in deiner Klasse! Stell folgende Fragen!

- Wo warst du in den Ferien?
- Wann warst du dort?
- Mit wem warst du dort?
- Wie bist du gefahren?
- Wo hast du gewohnt?
- Wie war das Wetter?
- Was hast du gesehen?
- Was hast du gemacht?

❸ Silkes Urlaub

 Hör zu und wähle die passenden Sätze!

1 Silke war letztes Jahr
   a *in der Schweiz.*
   b *in Spanien.*

2 Sie haben
   a *in einer großen Stadt gewohnt.*
   b *gezeltet.*

3 Die Landschaft dort
   a *ist sehr schön.*
   b *hat ihr nicht gefallen.*

4 Sie haben
   a *Wanderungen gemacht.*
   b *sich gelangweilt.*

5 Es gibt dort
   a *viel zu sehen.*
   b *nichts zu besichtigen.*

6 Der Urlaub hat ihnen
   a *überhaupt nicht gefallen.*
   b *sehr gut gefallen.*

Schade, daß du nicht hier bist ...

❹ Du bist dran!

Mach eine Tonbandaufnahme! Beschreib
die letzten Ferien mit deiner Familie/deiner
Klasse! Diese Fragen können dir helfen:

1 Wo warst du?
2 Wann?
3 Mit wem?
4 Wie bist du gefahren?
5 Wo hast du gewohnt?
6 Wie war das Wetter?
7 Was hast du gesehen?
8 Was hast du gemacht?

Das Wetter ●●●●●●●●●●●●●●●●●●●●●●●●●●●●●●●●

⑤ Wie war das Wetter im Urlaub?

 Hör zu und mach Notizen!

	wo?	wann/wie lange?	Wetter?
Nina			
Florian			

Es	war ist wird	kalt/warm/sonnig/regnerisch/ windig/heiß/schlecht/schön/ neblig usw.	sein.

Es	hat geregnet/geschneit/gehagelt/gefroren. regnet/schneit/hagelt/friert. wird regnen/schneien/hageln/frieren.

Es	gab gibt wird	Regen/Schnee/ein Gewitter. Regen/Schnee/ein Gewitter	geben.

⑥ Partnerarbeit

A fragt. **B** antwortet. Macht weitere Dialoge!

Beispiel: **A** *Wie war das Wetter gestern?*
            B *Es war kalt, und es hat geregnet.*
            A *Wie ist das Wetter heute?*
            B *Es ist windig und kalt.*
            A *Wie wird das Wetter morgen?*
            B *Es wird Schnee geben.*

1
A Wie war das Wetter gestern?

B

A Wie ist das Wetter heute?

B

A Wie wird das Wetter morgen sein?

B

2
A Wie war das Wetter gestern?

B

A Wie ist das Wetter heute?

B

A Wie wird das Wetter morgen sein?

B

7 Der Wetterbericht

Hör zu und mach Notizen!

Höchsttemperaturen:
Im Norden:
Im Westen:
Im Osten:
Im Süden:

8 Das Wetter in Europa

a Lies die Informationen rechts und beantworte die Fragen in ganzen Sätzen!

1 Wo ist es am wärmsten?
2 Wo ist es am kältesten?
3 Wo regnet es nicht?
4 Wo gibt es Gewitter?
5 Wo ist das Wasser am wärmsten?

b Lies die Wetterkarte unten! Schreib einen Wetterbericht für drei Städte!

Beispiel: *In Erfurt ist es heiter und trocken.*
Die Höchstwerte liegen bei 25 Grad.

REISEWETTER

Norddeutschland:
Zunehmend heiter bis wolkig und meist trocken. Die Höchstwerte liegen zwischen 18 und 21 Grad.

Südfrankreich:
Überall sonnig und niederschlagsfrei bei Höchstwerten von 28 bis 30 Grad.

Österreich/Schweiz:
Zunehmend heiter bis wolkig und durchweg niederschlagsfrei. Die Tagestemperaturen liegen zwischen 18 und 22 Grad.

Spanien/Portugal:
Durchweg sonnig und trocken. Die Temperaturen erreichen bis zu 33 Grad.

Balearen:
Wechselnd bewölkt mit einzelnen Gewittern. Die Temperaturen erreichen bis zu 30 Grad.

Wassertemperaturen: 24 Grad.

Griechenland/Türkei:
Sonnig und trocken bei Temperaturen bis 35 Grad.

Wassertemperaturen: 27 Grad.

Wochenendwetter:

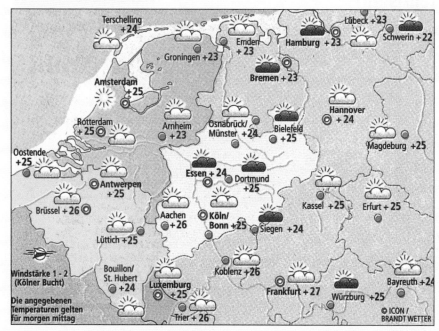

Terschelling +24
Emden +23
Hamburg +23
Lübeck +23
Schwerin +22
Groningen +23
Bremen +23
Amsterdam +25
Hannover +24
Rotterdam +25
Arnheim +23
Osnabrück/Münster +24
Bielefeld +25
Magdeburg +25
Oostende +25
Essen +24
Dortmund +25
Antwerpen +25
Kassel +25
Erfurt +25
Brüssel +26
Aachen +26
Köln/Bonn +25
Siegen +24
Lüttich +25
Koblenz +26
Bouillon/St. Hubert +24
Bayreuth +24
Windstärke 1 - 2 (Kölner Bucht)
Luxemburg +25
Frankfurt +27
Würzburg +25
Die angegebenen Temperaturen gelten für morgen mittag
Trier +26
© ICON / BRANDT WETTER

☀ sonnig
⛅ heiter
☁ wolkig

18 Unterkunft • • • • • • • • • • • • • • • • • • •

❶ 'Haben Sie noch Platz?'

 Hör zu und lies die Sätze! Sind sie richtig oder falsch?
Korrigiere die falschen Sätze!

1 Der Campingplatz ist links neben dem Wald.
2 Die Familie sucht Platz für zwei Nächte.
3 Sie sind zwei Erwachsene und drei Kinder.
4 Die Kinder sind unter sechs Jahre alt.

5 Die Familie hat ein Zelt.
6 Der Platz kostet 84 Mark pro Nacht.
7 Ihr Platz ist am See neben den Waschräumen.

❷ Was fragen die Touristen?

 Hör zu und mach Notizen!

	Frage(n)	Antwort(en)
1	Wo sind die Toiletten...?	
2		

Haben Sie noch Platz? | Für eine Nacht/zwei Nächte usw.

Wir sind | ein Erwachsener/eine Erwachsene
zwei Erwachsene | und | ein Kind.
zwei Kinder usw.

Wir haben | ein Auto/ein Zelt/einen Wohnwagen/ein Wohnmobil.
zwei Autos/zwei Zelte usw.

Wo sind die Waschräume/die Toiletten? | Wo ist die Anmeldung?
Gibt es einen Laden/Waschmaschinen?
Kann man ein Zelt/einen Schlafsack leihen?

③ Partnerarbeit

A ist Tourist. **B** ist der Platzvermieter. Macht weitere Dialoge!

Beispiel: **A** *Guten Tag, haben Sie noch Platz?*

         B *Für wie viele Nächte?*

         A *Für drei Nächte.*

         B *Und für wie viele Personen?*

         A *Für zwei Erwachsene und ein Kind.*

         B *Haben Sie ein Zelt?*

         A *Wir haben ein Wohnmobil.*

         B *Ja, wir haben Platz.*

         A *Gibt es hier einen Laden?*

         B *Ja, es gibt einen Supermarkt.*

④ Der Campingplatz am Ammersee

Lies den Artikel und beantworte die Fragen in ganzen Sätzen!

Campingplatz Ammersee-Süd

Direkt am Ammersee gelegen, Zufahrt: Autobahn 9, Abfahrt Dachau/Olching über Bundesstr. 10, Richtung Germering.

Information:
Campingplatz Ammersee-Süd,
Passauer Str. 76,
Tel. 089/763456,
Fax. 089/76 984573.

150 Stellplätze für Touristen, 40 Stellplätze für Dauercamper, Betriebszeiten: 30. Apr. – 15. Okt., Waschräume (Damen/Herren) mit Duschen,

Toiletten, Babywickelraum, Waschmaschine, Supermarkt a.d. Gelände, Imbiß und Getränke, Picknick- und Grillgelände, Tischtennis, Freibad, Bade- und Sonnenplatz am See. Hundeverbot

Preise auf Anfrage direkt beim Platzvermieter (Herr Steiger)

1 Wo ist der Campingplatz?
2 Wie viele Plätze gibt es?
3 Wann ist der Campingplatz geöffnet?
4 Was gibt es für Sportfreunde?
5 Was gibt es sonst noch?
6 Welche Tiere dürfen nicht dorthin?

⑤ Postkarte vom Campingplatz Ammersee

Du bist auf dem Campingplatz Ammersee. Schreib eine Postkarte an deinen Brieffreund/deine Brieffreundin! Beschreib:

- wo der Campingplatz liegt
- mit wem du da bist
- euren Platz (Zelt/Wohnwagen usw.)
- was es dort alles gibt

In der Jugendherberge ● ● ● ● ● ● ● ● ● ● ● ● ● ● ● ● ● ● ●

6 **Jugendherbergen in Hamburg**

a Lies die Informationen! Wähle die passende Jugendherberge zu den Aussagen!

b

a

Jugendherberge am Forstwald

Die Jugendherberge liegt im Süden Hamburgs in idyllischer Park- und Waldlandschaft. Sie verfügt über 86 Zimmer in Vierbettzimmern und in Zweibettzimmern für Begleiter sowie Gemeinschaftswaschräume und Duschen. Der Aufenthaltsraum kann außerhalb der Essenszeiten genutzt werden. Die Küche offeriert Halb- und Vollpension. Vegetarisches Essen wird bei vorheriger Absprache mit der Herbergsleitung zubereitet. Das Freizeitangebot bietet Spiel- und Liegewiesen auf großzügigem Gelände mitten im Wald.

Jugendherberge Rathenau

Die Jugendherberge liegt etwa 45 Minuten Fahrzeit mit dem Bus und der U-Bahn von der Innenstadt entfernt. Sie verfügt über 206 Betten in Vier- bis Achtbettzimmern mit Waschbecken und Duschen. Für Gruppenleiter gibt es Zweibettzimmer. Familienzimmer sind vorhanden, sollten aber in jedem Falle rechtzeitig reserviert werden. Die Küche der Jugendherberge offeriert Halb- und Vollpension, Lunchpakete können ebenfalls bestellt werden. Waschmaschinen und Trockner bieten die Gästen die Möglichkeit selber zu waschen.

c

Jugendherberge Frehnenstraße

Gemütliche Jugendherberge in Citylage – 5 Minuten zu Fuß zur Hamburger Innenstadt, 1 Min. bis zur U-Bahnstation Hamburg-Zentrum. Die Jugendherberge verfügt über 25 Vierbettzimmer mit Duschen und Toiletten auf den Etagen. Einzel- und Zweierzimmer sind nicht vorhanden. Ein Mehrzwecksaal und ein Gruppenraum mit Fernseher stehen ebenfalls zur Verfügung. Die Küche bietet Vollpension und stellt auf Wunsch auch Lunchpakete zusammen. Besonders beliebt bei Gästen ist das reichhaltige Frühstücksbuffet.

Wir suchen eine Jugendherberge direkt im Zentrum – und wir möchten Vollpension!

1

2

Ich komme mit meiner Familie und möchte ein Familienzimmer haben. Wir suchen eine Herberge außerhalb der Innenstadt!

Wir sind alle Vegetarier, und wir lieben die Natur. Wir möchten gern im Grünen wohnen!

3

b Du bist dran. Deine Klasse macht eine Reise nach Hamburg. Welche Jugendherberge wählst du für deine Klasse? Warum? Schreib die Gründe auf!

➐ Das Reservierungsformular

 Kopiere das Formular! Hör zu und füll die Lücken aus!

Familienname: ....
Vorname: ....
JUGENDHERBERGE
Adresse: ....
Telefonnummer: ....

_____ Nächte vom _____
bis _____.
Für _____ Mädchen/_____ Jungen
in _____ bettzimmern.
Mit _____ und _____.

Preis pro Person:

➑ Partnerarbeit

 **A** möchte Zimmer reservieren. **B** antwortet.
Macht weitere Dialoge!

Beispiel: **A** *Haben Sie noch Platz?*
B *Für wie viele Personen?*
A *Für zwei Jungen und ein Mädchen.*
B *Für wie viele Nächte?*
A *Für zwei Nächte.*
B *Möchtet ihr mit Vollpension?*
A *Nein, wir hätten gern Frühstück
und Mittagessen.*
B *Mit Halbpension. Möchtet ihr die
Betten reservieren?*
A *Ja, bitte. Können wir auch
Bettwäsche leihen?*

A

B Für wie viele Personen?

A

B Für wie viele Nächte?

A ☪

B Möchtet ihr mit Vollpension?

A

B Möchtet ihr die Betten reservieren?

A

➒ Ich möchte Betten reservieren

a Ergänze die Lücken!

1 Datum _____

Sehr geehrte Damen und Herren,

wir machen 2 _____ eine

Reise nach Hamburg und möchten

3 11.7–13.7. _____ für

4 ☾☾ _____ in Ihrer

Jugendherberge übernachten. Wir sind

5 _____ und 6

_____. Wir hätten gern

7 _____ und 8

_____. Wir möchten auch

9 _____ leihen.

Mit freundlichen Grüßen,

10 _____

Deine Unterschrift

b Diese Jugendlichen wollen in der
Jugendherberge übernachten. Schreib
einen Reservierungsbrief für sie!

19 Wir fahren nach Deutschland ●●●●

① Wie fahren wir am besten nach Hamburg?

a Lies die Informationen und beantworte die Fragen in ganzen Sätzen!

Deutschland – so nah wie nie!

Mit dem Flugzeug
Lufthansa und British Airways fliegen jede Stunde von London Heathrow und London Gatwick direkt nach Hamburg. Die Flugzeit beträgt 90 Min. Ein Flugticket (Hin- und Rückflug) kostet DM 499.

Mit der Fähre
Fahren Sie von Hull direkt nach Hamburg! Die Reise dauert 12 Stunden. An Bord befinden sich Ruheräume, Fast-Food Restaurants, Duty Free Shops, Spielhallen, Kinos... Preis pro Überfahrt (Hin- und zurück): DM 329.

Mit dem Auto
Willkommen im Europa des 20. Jahrhunderts – mit dem LeShuttle Autozug! Die Fahrt durch den Kanaltunnel von Folkestone nach Calais dauert nur 25 Minuten! Danach können Sie mit dem eigenen Auto oder Reisebus weiter nach Hamburg fahren (Fahrtdauer ca. 10 Stunden). Die Hin- und Rückfahrt mit dem LeShuttle Autozug kostet DM 130.

Mit dem Zug
Eine Reise mit dem Eurostar-Zug von London Waterloo nach Brüssel Mitte (Belgien) führt Sie durch den Kanaltunnel – schnell und bequem (Fahrtdauer insgesamt: 3 Std. 15 Min.) Im Bahnhof Brüssel Mitte steigen Sie in den ICE, der Sie in 4 Stunden nach Hamburg bringt! Eine Karte (Hin und zurück) kostet DM 245.

1 Wie kommt man am schnellsten von England nach Hamburg?
2 Welche Reise dauert am längsten?
3 Welches Transportmittel fährt nicht direkt (mit Umsteigen)?
4 Welche Reise ist am teuersten?
5 Wie kommt man am schnellsten durch den Kanaltunnel?
6 Welche Reise ist am billigsten?

b Eine Klasse hat eine Umfrage gemacht: 'Welche Reise ist am besten für uns?' Hier ist das Ergebnis. Wähle die passende Reise für die Klasse!

• 15 Schüler/Schülerinnen sagen: die Reise soll billig sein.
• 9 Schüler/Schülerinnen sagen: die Reise soll schnell sein.
• 4 Schüler/Schülerinnen sagen: die Reise soll bequem sein.

c Mach eine Umfrage in deiner Klasse und wähle die passende Reise für euch! Zeig die Resultate in einem Diagramm oder in einer Tabelle!

| Eine Fahrkarte | nach Bonn | einfach/hin und zurück. |
| Einmal/Zweimal | | erster/zweiter Klasse. |

Was kostet eine Fahrkarte nach...?	80 Mark.
Wann fährt der nächste Zug nach...?	Um 12 Uhr 45.
Wann kommt er an?	Um...

| Muß ich umsteigen? | Ja, Sie müssen in ... umsteigen./Nein, der Zug fährt direkt. |

| Von welchem Gleis fährt er ab? | Von Gleis 7. |

❷ Im Düsseldorfer Hauptbahnhof

 Drei Deutsche kaufen Fahrkarten. Hör zu und mach Notizen!

	wohin?	Fahrkarte?	Klasse?	Preis?	Gleis?	Abfahrt?	Ankunft?	Umsteigen?
1	Köln	Hin und zurück	zweiter Klasse	DM 86	8	–	–	–
2								
3								

❸ Am Fahrkartenschalter

Lies die Antworten! Schreib die passenden Fragen!

1 Eine Fahrkarte nach Berlin kostet 120 Mark.
2 Nein, der Zug fährt direkt.
3 Hin und zurück, bitte.
4 Der Zug kommt um 10 Uhr an.
5 Der Zug fährt von Gleis 1 ab.
6 Der nächste Zug fährt um 11 Uhr ab.

❹ Partnerarbeit

 A ist Reisender. **B** arbeitet am Fahrkartenschalter.
Macht weitere Dialoge!

Beispiel:

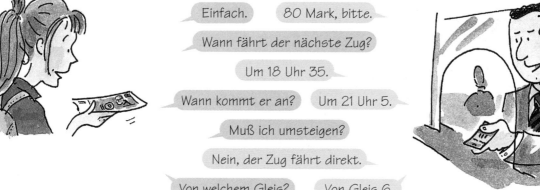

Eine Fahrkarte nach Berlin, bitte.

Einfach oder hin und zurück?

Einfach.   80 Mark, bitte.

Wann fährt der nächste Zug?

Um 18 Uhr 35.

Wann kommt er an?   Um 21 Uhr 5.

Muß ich umsteigen?

Nein, der Zug fährt direkt.

Von welchem Gleis?   Von Gleis 6.

Mit dem Auto unterwegs ● ● ● ● ● ● ● ● ● ● ● ● ● ● ● ● ● ●

⑤ Was bedeuten die Schilder?

Wähle die passenden Wörter zu den
Schildern!

Beispiel: 5 = *d*

1 Ampel
2 Autobahnraststätte
3 Kreuzung
4 Autobahn
5 Einbahnstraße
6 Tankstelle
7 Baustelle
8 Parkplatz

⑥ An der Tankstelle

 Hör zu und wähle die passenden Sätze!

1 Die Frau möchte volltanken mit
  a Super bleifrei.
  b Normal bleifrei.
2 Der Tankwart prüft
  a das Wasser und das Öl.
  b das Wasser, das Öl und den Reifendruck.
3 Öl gibt es
  a an der Raststätte.
  b an der Kasse.
4 Die Frau fährt
  a einen VW Golf.
  b einen gelben Fiat.
5 Sie möchte auch
  a eine Karte von Europa.
  b eine Karte von Deutschland.
6 Die Karte hat auch
  a Stadtpläne.
  b Fahrpläne.

(Ich möchte)	Volltanken, bitte. Für 100 Mark 20/50 Liter	Normal/Super/Bleifrei/Diesel.

Können Sie bitte das Öl/das Wasser/die Reifen prüfen?

Ich möchte	eine Karte 2/5 Liter Öl.	von Europa/Deutschland/der Schweiz/Österreich.

7 An der Raststätte

 Hör zu und beantworte die
Fragen in ganzen Sätzen!

1 Woher kommt Herr Maier?
2 Wie lange war er dort?
3 Wie ist er gefahren?
4 Wohin fährt er jetzt?
5 Was macht er dort?
6 Wohin fährt Familie Klose?
7 Wie fahren sie?
8 Wie weit ist es?

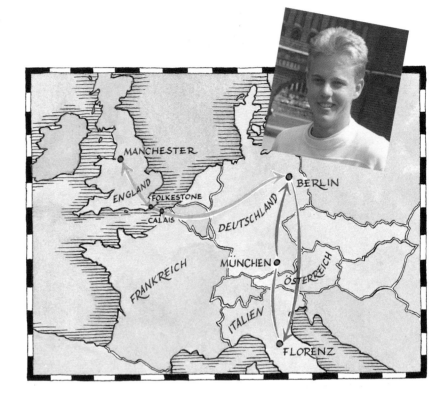

8 Wie bist du gefahren?

a Du machst in München Ferien und schreibst an einen
Freund/eine Freundin. Beschreib deine Reise von London
nach München! Diese Informationen sollen dir helfen:

Beispiel:

Ich bin mit dem Zug von London nach
Folkestone gefahren...

b Beschreib eine Ferienreise mit deiner Familie/deiner Klasse!
Die Informationen von **a** helfen dir.

20 Stadtbesichtigung

1 Hamburger Attraktionen

Wähle die passenden Bilder zu den Aussagen!

a

Große Stadtrundfahrt (3 Stunden)! Entdecken Sie Hamburg!

b

Hamburg maritim: Schiffahrt auf der Elbe mit Hafenrundfahrt!

c

Kommen Sie zum Alsterpark! Sport – Spiel – Spaß!

d

Abstrakte Malerei des 20. Jahrhunderts: Ausstellung in der Galerie am Hamburger Tor

1
Ich bin ein Sportfan und will auch im Urlaub aktiv sein.

2
Ich bin zum ersten Mal hier und will möglichst viel von Hamburg sehen!

3
Meine Familie und ich – wir mögen alles, was mit Wasser zu tun hat!

4
Ich interessiere mich sehr für Kunst und Kultur.

2 'Gibt es hier…?'

 Hör zu und lies die Sätze! Sind sie richtig oder falsch? Korrigiere die falschen Sätze!

Beispiel: 1 = *Richtig.*

1 Das Mädchen interessiert sich für Museen und Kunstgalerien.
2 In Bremen gibt es keine interessanten Museen.
3 Der Mann und seine Frau interessieren sich sehr für Musik.
4 Sie möchten gern ein Opernhaus besuchen.
5 Das Opernhaus ist im Bürgerpark.
6 Die Kinder der Frau möchten gerne Museen besichtigen.
7 Der Weserpark ist ein großer Freizeitpark.
8 Der Weserpark ist direkt im Zentrum.

3 Gruppenarbeit

Stell Fragen in Gruppen von vier oder fünf Personen! 'Interessierst du dich für …?' Diese Wörter helfen dir.

Museen	Kunstgalerien
Kunst und Kultur	Musik
Opernhäuser	Theater
Freizeitparks	Sport

4 Brief aus Berlin

Lies den Brief und beantworte die Fragen in ganzen Sätzen!

> Berlin, den 13. Juli
>
> Lieber Andy,
> ich freue mich schon sehr auf Deinen Besuch nächste Woche! Du willst wissen: was gibt es in Berlin zu sehen? Berlin ist eine tolle Stadt – es gibt hier viel zu sehen! Interessierst Du Dich für Museen? Dann können wir zur Museumsinsel an der Spandauer Straße gehen. Dort gibt es viele antike Sehenswürdigkeiten. Schwimmst Du gern? Dann machen wir einen Ausflug an den Wannsee. Dort kann man baden und am Strand liegen. Das macht Spaß!
>
> Das Brandenburger Tor ist auch sehr interessant. Es wurde zwischen 1788 und 1791 gebaut. Früher war die Berliner Mauer direkt hinter dem Tor! Abends können wir zum Alexanderplatz in Ostberlin fahren. Er war früher das Zentrum Ostberlins. Dort kann man den Fernsehturm besuchen, und es gibt tolle Discos – dort ist immer etwas los!
>
> Viele Grüße,
>
> Dein Ulli

1 Was will Andy wissen?
2 Wo ist die Museumsinsel?
3 Was gibt es dort zu sehen?
4 Was kann man am Wannsee machen?
5 Wann wurde das Brandenburger Tor gebaut?
6 Was war dort früher?
7 Was war der Alexanderplatz früher?
8 Was kann man dort machen?

5 Dein Brief

Du beschreibst deinem deutschen Brieffreund/deiner Brieffreundin deine Stadt/deinen Ort. Schreib:

- was es dort zu sehen gibt
- was man besichtigen kann
- was interessant ist
- was Spaß macht

Wie komme ich dorthin? ● ● ● ● ● ● ● ● ● ● ● ● ● ● ●

6 'Wo ist …?'

 Hör zu! Sieh den Stadtplan an und wähle die passende Nummer zu den Touristen!

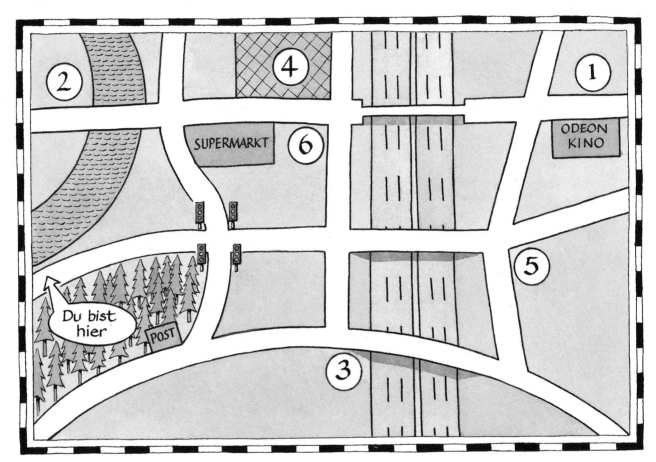

7 In der Jugendherberge

 Hör zu und wähle die passenden Sätze!

1 Bettina sucht
   a die nächste Post.
   b die nächste Jugendherberge.

2 Sie ist
   a am Schwimmbad.
   b ganz in der Nähe.

3 Heute nachmittag macht Bettina einen Ausflug
   a zum Schwimmbad.
   b zum Schloß.

4 Die Öffnungszeiten sind von
   a 10 bis 16 Uhr.
   b 10 bis 16 Uhr 30.

5 Der Eintritt für Kinder kostet
   a 10 Mark.
   b 8 Mark.

6 Es gibt
   a eine Gruppenermäßigung.
   b keine Gruppenermäßigung.

7 Sie nimmt am besten
   a die Buslinie 5.
   b den Bus um fünf Uhr.

8 Die nächste Bushaltestelle ist
   a am Marktplatz.
   b in der Obernstraße.

8 Partnerarbeit

A fragt. **B** antwortet. Macht weitere Dialoge!

Beispiel: **A** *Gibt es hier eine Post in der Nähe?*
B *Ja, du gehst geradeaus und dann rechts.*
A *Danke. Und wann hat die Post geöffnet?*
B *Von montags bis freitags von 9 bis 17 Uhr.*

A *Und wo ist das nächste Schwimmbad?*
B *Das ist in der Goldstraße.*
A *Und was kostet der Eintritt?*
B *Der Eintritt kostet 6 Mark.*

1

A

B 250m ⬆

A

B Mo–Fr 10–18.00

A

B

A

B ⑤②①

2

A

B

A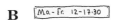

B Mo.–Fr. 12–17.30

A

B

A

B ⑤

9 Wie komme ich zum Schwimmbad?

a Sieh den Plan an! Beschreib den Weg vom Bahnhof zum Schwimmbad für einen Freund!

b Du bist dran. Beschreib den Weg von deiner Schule zur nächsten Bushaltestelle, zur nächsten Telefonzelle oder zum nächsten Geschäft!

Grammatik 3a • • • • • • • • • • • • • • •

Das Perfekt

	haben	**spielen**	**sein**	**laufen**
ich	habe		bin	
du	hast		bist	
er/sie/es	hat	gespielt	ist	gelaufen
wir	haben		sind	
ihr	habt		seid	
sie/Sie	haben		sind	

1 *Haben* oder *sein*?

Wähle die passenden Wörter!

Beispiel: 1 *Im Sommer **bin** ich nach Spanien geflogen.*

1 Im Sommer (habe/bin) ich nach Spanien geflogen.
2 Letztes Jahr (habe/bin) ich in der Toscana Urlaub gemacht.
3 Wir (haben/sind) dort in einem Ferienapartment gewohnt.
4 Ich (habe/bin) jeden Tag im Meer geschwommen.
5 Ich (habe/bin) meine Brieffreundin in Yorkshire besucht.
6 Wir (haben/sind) dort viel gewandert.
7 Ich (habe/bin) in einer Jugendherberge übernachtet.
8 Im Winter (habe/bin) ich in Skiurlaub gefahren.

2 Auf dem Campingplatz

Ergänze die Lücken!

Was _____ ihr gestern abend gemacht?

Wir _____ Pizza gegessen.

_____ du am Wochenende ins Kino gegangen?

Nein, ich _____ meine Freundin besucht.

_____ du Susi und Peter gesehen?

Ja, sie _____ in die Stadt gefahren.

Was _____ Thomas heute morgen gemacht?

Er _____ einen Schlafsack gekauft.

3 **Urlaub in Österreich**

Schreib den Brief in der Perfektform auf!

Beispiel: *Lieber Jan, letzten Winter sind wir nach Österreich gefahren.*

Lieber Jan,

diesen Winter fahren wir nach Österreich. Wir wohnen dort in einer kleinen Pension. Morgens mache ich einen Skikurs. Nachmittags machen wir einen Ausflug in die Berge. Abends essen wir im Hotel. Danach gehen wir ins Dorf. Meine Eltern trinken ein Glas Wein – und ich tanze in der Disco! Um 22 Uhr gehe ich ins Bett.

Viele Grüße,

Deine Lisa

4 **Dein Brief**

Du warst letztes Jahr bei deinem deutschen Brieffreund/deiner deutschen Brieffreundin. Beschreib deinen Urlaub! Diese Informationen helfen dir:

• nach Deutschland fahren (wie?)
• bei einer Familie wohnen
• viel Spaß haben
• viel Deutsch lernen
• morgens: zur Schule gehen
• nachmittags: die Stadt besichtigen
• abends: fernsehen
• am Wochenende: Ausflüge machen

Beispiel: *Ich bin mit dem Flugzeug nach Deutschland geflogen.*

5 **Wenn es regnet…**

Schreib Sätze!

Beispiel: 1 *Wenn es regnet, bleibe ich zu Hause./Ich bleibe zu Hause, wenn es regnet.*

1 Es regnet. Ich bleibe zu Hause.
2 Es schneit. Wir fahren am Wochenende Ski.
3 Das Wetter ist schön. Wir gehen ins Schwimmbad.
4 Es ist kalt. Ich ziehe mich warm an.
5 Die Sonne scheint. Ich sonne mich.
6 Es ist windig. Ich fahre nicht mit dem Fahrrad.
7 Es gibt ein Gewitter. Unser Hund hat Angst.
8 Das Wetter ist schlecht. Ich fahre mit dem Bus.

Extra 3a

Hören

1 Die Jugendstunde

Hör zu! Worum geht es in den Nachrichtenmeldungen? Mach Notizen für jede Meldung!

2 Geburtstagsparty – einmal ganz anders

Hör der Radiomeldung zum Thema 'Geburtstagspartys' zu! Lies dann die Sätze! Sind sie richtig oder falsch? Korrigiere die falschen Sätze!

1 Deutsche Kinder und Jugendliche feiern ihren Geburtstag öfter mal ganz anders.
2 Sie laden ihre Gäste nach Hause oder in Hamburger-Restaurants ein.
3 Ins Kino oder in die Disco gehen sie mit ihren Gästen nicht mehr so gern.
4 Etwas ganz Neues ist der Museumsbesuch.
5 Das gibt es in allen deutschen Städten.
6 In einem Konstanzer Museum gibt es verschiedene Spiele.
7 Es gibt Preise für alle Kinder.
8 Die Eltern können zu Hause die Collagen und Malereien ihrer Kinder bewundern.

3 'Wo meine Heimat ist, weiß ich nicht genau'

Hör der Kurzgeschichte zu und beantworte
die Fragen in ganzen Sätzen!

1 Wo wohnt Semra?
2 Welche Nationalität hat sie?
3 Was ist in der Türkei wichtiger als
   in Deutschland?
4 Was darf sie in Istanbul machen?
5 Wovor hat ihr Vater Angst?
6 Was macht sie jeden Tag, wenn sie
   in Istanbul ist?
7 Was macht sie auch in Bayern?
8 Was sagt sie über Bayern?
9 Was spricht sie mit wem?
10 Was möchte sie später machen?

4 Wir fliegen Montag zum Mars

Hör dem Lied zu und ergänze die Lücken!

Wir _____ Montag zum Mars, da macht das _____ viel mehr _____!
Wir fliegen _____ zum Jupiter, da _____ uns keiner hinterher!
_____ fliegen Mittwoch zum Mond, _____ ist er ja doch bewohnt.
Wir _____ nie mehr zurück, wir _____ auf den Sternen das Glück!
Wir sind die _____ einer anderen Welt. Und suchen nur das, was uns _____.
Wir _____ fliegen, fliegen, frei _____!
Donnerstag machen wir _____, wir sind auch mal ganz gern zu _____.
_____ geht's dann weiter, wir _____ durch's All mit unserem Weltraumgleiter.
Samstag beamen wir _____ zur Venus, _____ geht's zur Sonne, und zwar zu
_____!

21 Auf dem Fundbüro

1 Was hat Techno-Tom verloren?

 Hör zu und wähle die passenden Bilder!

Beispiel: 1 = b

a   b   c

d   e   f

2 Was hat Emma verloren?

 Hör zu und wähle die passenden Sätze!

1   Emma kann
    a ihre Uhr nicht finden.
    b Kathrins Uhr nicht finden.

2   Sie trug sie gestern abend
    a in ihrem Zimmer.
    b in der Disco.

3   In ihrem Zimmer
    a ist die Uhr nicht.
    b findet Kathrin die Uhr.

4   Kathrins Mutter hat die Uhr
    a gefunden.
    b nicht gesehen.

5   Emma hat sie vielleicht
    a im Bus verloren.
    b in der Disco verloren.

6   Sie gehen
    a zur Polizei.
    b zum Fundbüro.

3 Im Fundbüro

 Hör zu und beantworte die Fragen in ganzen Sätzen!

1   Was hat Lars verloren?
2   Wie sieht sie aus?
3   Wo hat er sie verloren?
4   Wann?
5   Was soll er morgen machen?

6   Was hat Sarah verloren?
7   Wie sieht es aus?
8   Wann hat sie es verloren?
9   Wo?
10 Bekommt sie es zurück?

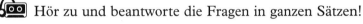

Ich habe meinen/meine/mein…	im Hotel usw.	verloren. gelassen. liegengelassen.

Ich vermisse meinen/meine/mein…
Ich kann meinen/meine/mein… nicht finden

Er/sie/es Sie	ist aus sind aus	Leder/Plastik/Wolle/Gold/Silber usw.

4 Partnerarbeit

A hat etwas verloren. **B** arbeitet im Fundbüro. Macht weitere Dialoge!

Beispiel: **A** *Ich habe meinen Schirm verloren.*
B *Wie sieht er aus?*
A *Er ist lila.*
B *Wo haben Sie ihn verloren?*
A *Ich habe ihn im Bahnhof verloren.*
B *Wann haben Sie ihn verloren?*
A *Montag nachmittag.*

1   **2**

5 Verloren!

Lies die Anzeigen und mach Notizen!

	was?	wann?	wo?
1			
2			
3			
4			

VERLOREN GEFUNDEN

1 **Goldener Ring** im City-Squash-Studio abhanden gekommen, 6.10. Belohnung! Tel. 60 20 34

2 **Fotoapparat** (Olympus) am 12. Oktober am Parkplatz Bahnhof Zoo verloren. Ehrlicher Finder bitte melden: Tel. 4 46 00

3 **Katze, grau/weiß,** seit dem 17.9. in Bremen-Nord vermißt, hört auf den Namen "Pauli", Tel. 98 63 11

4 **Schwarze Handtasche** verloren, Montag, Buslinie 10 (zwischen Bahnhof und Hammer Str.), 100 DM Belohnung, Tel. 96 42 18]

6 Brief an das Schloßhotel

a Lies den Brief und ergänze die Lücken!

> **1** _____ **dein Wohnort und Datum**
>
> Sehr geehrte Damen und Herren,
>
> ich war **2** [Oktober 3 4 5 6 7 8 9 10 11 12 13 14 15 16] _____
>
> in Ihrem Hotel. Nach meiner Rückkehr
>
> merkte ich, daß ich **3** [Uhr] _____ verloren habe.
>
> **4** (Er/Sie/Es) _____ ist
>
> aus **5** [GOLD] _____ .
>
> Das Armband ist aus **6** [____] _____ . Ich habe
>
> **7** (ihn/sie/es) _____
>
> vielleicht **8** [____] _____
>
> oder **9** [____] _____
>
> liegengelassen.
>
> Mit freundlichen Grüßen,
>
> **10** _____ **deine Unterschrift**

b Du hast bei deinem Austauschbesuch etwas verloren. Schreib einen Brief an das Fundbüro! Diese Informationen helfen dir:

In der Reinigung ●

 7 Wir machen's möglich

Hör zu und mach Notizen!

	Artikel?	was?	wie lange?	Preis?
1	Minirock	Reinigung	...	
2				
3				

8 Was können sie für Uwe und Tanja tun?

Hör zu und lies die Sätze! Sind sie richtig oder falsch?
Korrigiere die falschen Sätze!

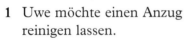

1 Uwe möchte einen Anzug
   reinigen lassen.
2 Es ist ein Fettfleck drauf.
3 Die Normalreinigung dauert 24 Stunden,
   und die Expressreinigung dauert drei Tage.
4 Uwe wählt die Normalreinigung.
5 Er kann den Artikel am Samstagmorgen wieder
   abholen.
6 Tanja möchte eine Videokamera reparieren
   lassen.
7 Ein Knopf funktioniert nicht mehr.
8 Der Mann kann die Kamera selber reparieren.
9 Die Reparatur dauert ungefähr vier Wochen.
10 Sie kostet 5 Mark 60.

Können Sie	diesen...	reparieren?
Ich möchte	diese...	reparieren lassen.
	dieses...	reinigen/bügeln lassen.

Ich möchte diesen Film entwickeln lassen.

9 Partnerarbeit

A fragt. **B** antwortet. Macht weitere Dialoge!

Beispiel: **A** *Ich möchte diesen Pullover reinigen lassen.*
B *Ja, das geht in Ordnung.*
A *Wann kann ich den Pullover wieder abholen?*
B *Am Donnerstagnachmittag.*
A *Und was kostet es?*
B *10 Mark.*

1   Sa.   DM 16

2   Heute nachmittag   DM 6.50

10 Mein Walkman ist kaputt...

1
CITY-REINIGUNG
Mit Stundenservice!
Neu: Änderungsschneiderei
Spezialservice diese Woche:
Hosen nur DM 5,–
Tel.: 0515 750375
(im Wertkauf-Einkaufszentrum)

2
EST ERICH STARSINSKI
RADIO- UND FERNSEHTECHNIKER-MEISTER
Meisterbetrieb · Innungsmitglied

Wir haben, was Sie wünschen!
Freundliche, nette Handwerker
mit gutem Fachwissen!

● Ladengeschäft
● Kundendienst
● Reparaturdienst
● Montage

Mühlenstraße 2-4 · 28779 Bremen · ☎ (04 21) 60 80 95

3
Designerfassungen mit hochwertigen Gläsern von RODENSTOCK R

CONTACTLINSEN
COMPUTERSEHTEST
DESIGNERBRILLEN
Telefon (030) 28 13 98 2

CHAUSSEE OPTIK

Chausseestraße 17 · 10115 Berlin (Mitte)

4

Schlüsseldienst · Schuh-reparatur · Notöffnungen
Gravieren + Schleifen

● preiswert
● schnell
● sauber

☎ 63 56 75 / (0 47 91) 1 41 66

a   Du bist beim Austausch in Deutschland. Dein Walkman und deine Brille sind kaputt. Wähle die passenden Anzeigen für dich!

b   **Partnerarbeit**. **A** möchte seinen Walkman reparieren lassen; **B** antwortet. Dann ist **B** dran: er möchte seine Brille reparieren lassen. Macht Dialoge!

c   **Partnerarbeit**. Macht ähnliche Dialoge mit den anderen Anzeigen!

22 Mir geht's nicht gut ● ● ● ● ● ● ● ● ● ● ● ● ●

❶ Ich muß zum Arzt

Vier Schüler müssen beim Deutschlandbesuch zum Arzt.
Wähle die passenden Sätze zu den Bildern!

1
Au! Ich habe Zahnschmerzen. Ich glaube, ich habe eine Füllung verloren.

Ich habe starke Bauchschmerzen. Ich möchte mich aber von einer Ärztin untersuchen lassen.
2

3
Ich habe Grippe. Ich kann erst heute nachmittag zum Arzt gehen.

Mein Hals tut sehr weh, und ich habe Schmerzen beim Schlucken.
4

a
Dr. Ulrike Bohland
praktische Ärztin
Sprechstunden: Mo. – Mi.: 10 Uhr bis 14 Uhr

LUTZ KRUMMBIEGEL
Zahnarzt
Alle Kassen
Sprechstunde nach Vereinbarung
b

Dr. Matthias Rast
HALS-, NASEN-, OHRENARZT
Sprechstunden:
Mo. – Do. 9 Uhr bis 14 Uhr;
15 Uhr bis 17 Uhr 30
Freitags ist die Praxis geschlossen
c

Praxis Dr. Peter Lohmeyer
PRAKTISCHER ARZT
Sprechstunden:
Mo.:   10 Uhr bis 17 Uhr
Di. – Fr.:   10 Uhr bis 13 Uhr;
             14 Uhr 30 bis 18 Uhr
d

Was fehlt Ihnen/dir?	Ich habe ...schmerzen.
Wo tut's weh?	Mein(e) ... tut weh.
Wo haben Sie/hast du Schmerzen?	Meine ... tun weh.

❷ Ich möchte einen Termin

 Hör zu und beantworte die Fragen in ganzen Sätzen!

1 Was möchte der Junge?
2 Wie ist sein Name?
3 Was fehlt ihm?
4 Wann bekommt er einen Termin?
5 Was soll er mitbringen?

6 Was fehlt der Frau?
7 Warum paßt ihr der Termin morgen um 15 Uhr nicht?
8 Wann soll sie kommen?
9 Wie ist ihr Name?
10 Wie ist sie versichert?

❸ Beim Arzt

 Hör zu und mach Notizen!

	Andreas	Ulla
Beschwerden/Schmerzen:		
Der Doktor verschreibt:		

4 Wo tut's Techno-Tom weh?

Lies den Comic und schreib die richtige Reihenfolge auf!

Beispiel: 1 = *c*

5 Gestern war ich beim Arzt

a Lies den Brief und beantworte die Fragen in ganzen Sätzen!

Hallo James!

Wie geht es Dir? Mir geht es gar nicht gut. Stell' Dir vor, ich habe mir mein Knie verletzt! Es ist gestern morgen beim Skateboardfahren passiert. Jan, Ollie und ich waren auf der Skateboardbahn beim Jugendzentrum. Ich bin einfach ausgerutscht und hingefallen – mein Knie tat tierisch weh! Es wurde total dick, und ich konnte es nicht bewegen. Ollie hat dann meine Mutter angerufen, und sie hat mich mit dem Auto abgeholt. Wir sind dann gleich zur Praxis von Dr. Werther gefahren – das ist unser Arzt. Dr. Werther hat mein Knie geröntgt und mir dann einen Verband gemacht. Er hat mir auch Tabletten gegen die Schmerzen verschrieben – und Bettruhe! Ich muß eine Woche im Bett bleiben – ist das nicht langweilig? Aber er sagt, ich habe Glück gehabt – danach ist mein Knie wieder in Ordnung, und ich kann wieder Skateboard fahren!

Tschüß!

Florian

1 Warum geht es Florian nicht gut?
2 Wann ist es passiert?
3 Wo?
4 Wie?
5 Was hat seine Mutter gemacht?
6 Was hat der Arzt gemacht?
7 Was hat er verschrieben?
8 Warum hat Florian Glück gehabt?

b Schreib jetzt einen Brief an deinen Brieffreund/deine Brieffreundin! Beschreib deinen letzten Arztbesuch!

- was dir fehlte/wo es weh tat
- bei wem du einen Termin hattest
- was der Arzt/die Ärztin verschrieb

In der Apotheke ●

6 Wie geht's?

Wähle die passenden Antworten zu den Fragen!

Beispiel: 1 = b

1 Wie geht es dir? a Er hat Zahnschmerzen.

2 Das tut mir leid. Was ist los mit dir? b Es geht mir gar nicht gut.

3 Wie geht's deinem Vater? c Ich habe eine Grippe.

4 Was hat er denn? d Ihm geht es nicht gut.

7 Partnerarbeit

A fragt. **B** antwortet. Macht weitere Dialoge!

Beispiel: **A** *Wie geht es dir?*
B *Es geht mir gar nicht gut.*
A *Das tut mir leid. Was ist los mit dir?*
B *Ich habe Heuschnupfen.*

| Haben Sie | etwas gegen | Grippe/Zahnschmerzen/Bauchschmerzen/Heuschnupfen usw? |
| Ich hätte gern | | Durchfall/Ohrenschmerzen/Magenschmerzen usw. |

Nehmen Sie diese Tropfen/Salbe/Tabletten/Lotion.

8 In der Apotheke

 Hör zu und wähle die passenden Sätze!

1 Die Frau hätte gern etwas gegen
 a Grippe.
 b Bauchschmerzen.

2 Der Apotheker gibt ihr
 a Tropfen und Salbe.
 b Tabletten und Hustensaft.

3 Ihr Mann hat
 a Kopfschmerzen.
 b Zahnschmerzen.

4 Die Medikamente kosten
 a 29 Mark 40.
 b 30 Mark.

5 Der Mann hätte gern etwas gegen
 a Halsschmerzen.
 b Ohrenschmerzen.

6 Er hat
 a seit zwei Tagen Fieber.
 b kein Fieber.

7 Seine Tochter hat sich
 a den Kopf verletzt.
 b das Knie verletzt.

8 Die Salbe ist
 a billiger als die Lotion.
 b teurer als die Lotion.

9 Nehmen Sie die Tabletten zweimal am Tag

 Hör zu und mach Notizen!

	Medikament?	gegen?	wieviel/wie viele?	wie oft?
1	Tabletten	Magenschmerzen	...	
2				
3				

10 Partnerarbeit

A ist Kunde/Kundin. B ist Apotheker/Apothekerin. Macht weitere Dialoge!

Beispiel: **A** *Ich hätte gern etwas gegen Magenschmerzen.*
 B *Hier – ich habe Tabletten gegen Magenschmerzen.*
 A *Wie oft muß ich die Tabletten nehmen?*
 B *Nehmen Sie die Tabletten zweimal am Tag.*
 A *Was kostet das?*
 B *8 Mark 90, bitte.*

1   DM 12,90

2   DM 9,45

11 Medikamente

Lies die Informationen und beantworte die Fragen in ganzen Sätzen!

Heumanns Bronchialtropfen
Dosierungsanleitung
Soweit nicht anders verordnet, 2–4 mal täglich auf Zucker einzunehmen:
Erwachsene und Jugendliche: 15–20 Tropfen
Schulkinder (6–14 Jahre): 15 Tropfen
Kinder (2–5 Jahre): 10 Tropfen
Für Kinder unter 2 Jahren nicht geeignet.

1 Wie soll man die Tropfen einnehmen?
2 Wie oft soll man die Tropfen einnehmen?
3 Wie viele Tropfen soll ein 11jähriges Kind nehmen?
4 Wer soll die Tropfen nicht nehmen?

23 Was machen wir heute abend? ...

1 Was machst du am Wochenende?

 Hör zu und beantworte die Fragen in ganzen Sätzen!

1 Was macht Julia heute abend?
2 Was kostet der Eintritt?
3 Was macht Silke heute abend?
4 Was macht Silke am Samstagabend?
5 Was macht Julia am Samstagabend?
6 Wann beginnt die Vorstellung?
7 Was macht Martin heute abend?
8 Was macht er am Samstagabend?

2 Gruppenarbeit

a Stell Fragen in einer Gruppe von vier oder fünf Personen!

- Was machst du am Wochenende/am Freitagabend/am Samstagabend?
- Mit wem machst du das?
- Wo?
- Wann?
- Was kostet der Eintritt?

b Schreib Sätze!

Beispiel: *Sarah geht am Freitagabend mit ihrer Freundin ins Kino.*

c Du bist dran! Was machst du am Wochenende? Schreib einen Brief an deinen Brieffreund/deine Brieffreundin!

Beispiel:
Hallo Sandra!
Ich gehe dieses Wochenende ins Kino...

3 Das Konzert

 Hör zu und lies die Sätze! Sind sie richtig oder falsch? Korrigiere die falschen Sätze!

1 Ines möchte Karten für das Konzert heute abend.
2 Sie möchte zwei Karten.
3 Das Konzert beginnt um 21 Uhr.
4 Sie muß die Karten an der Kasse abholen.
5 Andi möchte Karten für das Konzert morgen abend.
6 Er möchte vier Karten mit Stehplatz.
7 Die Karten kosten 29 Mark.
8 Die Bushaltestelle ist direkt vor dem Forum.

Was machst du Was machen wir	heute abend/am Wochenende/am Samstagabend?

Ich gehe Wir gehen	(mit der Clique)	ins Kino/in ein Konzert/in die Disco/ins Café/zu einer Party.

Die Vorstellung beginnt um ... Uhr.
Der Eintritt kostet ... Mark.

4 Partnerarbeit

A möchte Konzertkarten. **B** ist Verkäufer/Verkäuferin.
Lest die Informationen und macht weitere Dialoge!

Beispiel: **A** *Guten Tag, ich möchte Karten für das*
Fishbone-Konzert.
B *Für wann?*
A *Für das Konzert am 9. September, bitte.*
B *Wie viele Karten möchtest du?*
A *Zwei Karten, bitte. Was kosten die Karten?*
B *Die Karten kosten 18 Mark.*
A *Und wann beginnt die Vorstellung?*
B *Die Vorstellung beginnt um 20 Uhr.*

5 Das Konzert war toll!

Lies Alexandras Brief! Schreib dann einen
Antwortbrief! Beschreib einen Konzertbesuch!

- Wen hast du gesehen?
- Mit wem warst du dort?
- Was hat die Karte gekostet?
- Was für eine Karte hattest du?
- Wo war das Konzert?
- Wann hat das Konzert begonnen?
- Wann war das Konzert zu Ende?
- Wie war das Konzert? Wie hat es dir gefallen?

Liebe Judith,

letzte Woche war ich auf einem tollen Konzert! Kennst Du die Gruppe Boyzone? Sie
haben hier bei uns in Berlin ein Konzert gegeben. Ich liebe Boyzone! Mein absoluter
Liebling ist Declan. Meine Eltern haben mir die Konzertkarte zum Geburtstag
geschenkt. Meine Freundin Friederike ist auch ein großer Fan von Boyzone, und sie
ist auch mitgekommen. Wir waren schon um 19 Uhr an der Waldbühne (dort war das
Konzert) und mußten eine Stunde am Eingang warten. Es war total voll – so viele
Boyzone-Fans habe ich noch nie gesehen! Aber die Stimmung war super! Um 20 Uhr
konnten wir dann reingehen. Wir mußten unsere Karten an der Kasse abholen und sind
dann gleich in die Arena gerannt. Wir hatten Stehplätze – wir standen direkt an der
Bühne. Um 20 Uhr 30 hat das Konzert begonnen. Es war so toll: die Jungs sahen
super aus, sie haben toll getanzt, und sie haben alle ihre Hits gesungen. Alle Zuschauer
haben mitgesungen – es war einfach unbeschreiblich. Um 22 Uhr war das Konzert dann
zu Ende – leider! Wir haben uns noch ein Poster und ein T-Shirt gekauft und sind dann
mit dem Bus nach Hause gefahren. Das war das beste Konzert meines Lebens!
Viele liebe Grüße,
Deine Alexandra

Partys, Partys, Partys! • • • • • • • • • • • • • • • • • •

6 **Kommst du zu meiner Party?**

 Hör zu und wähle die passenden Sätze!

1 Thorsten macht am Samstag
  a eine Silvesterparty.
  b eine Geburtstagsparty.
  c eine Faschingsparty.

2 Katrin
  a lädt Thorsten ein.
  b kommt gern zu der Party.
  c kann leider nicht kommen.

3 Thorsten
  a möchte Freunde vom Fußball einladen.
  b möchte Alexandra einladen.
  c gibt Katrin Alexandras Telefonnummer.

4 Die Party beginnt
  a um neun Uhr.
  b um halb acht.
  c um halb zehn.

5 Die Party ist
  a bei Thorsten zu Hause.
  b in der Partykeller-Disco.
  c in Thorstens Zimmer.

6 Katrin fährt am besten
  a mit dem Fahrrad.
  b mit der U-Bahn.
  c mit dem Bus.

7 **'Ich kann leider nicht kommen…'**

 Hör zu und mach Notizen!

	warum nicht?
Ralf	
Ute	
Lars	

Ich möchte dich gern zu meiner Party einladen.
Kommst du zu meiner Party?
Möchtest du zu meiner Party kommen?

Vielen Dank für die Einladung.	Ja, ich komme gern. Nein, ich kann leider nicht kommen. Ich habe schon etwas anderes vor.

8 Techno-Tom macht eine Party

Aber seine Gäste haben alle schon etwas anderes vor! Mach Sätze mit den Bildern!

Beispiel: 1 *Ich kann leider nicht kommen.*
Ich muß auf meine kleine Schwester aufpassen.

9 Die Einladung

a Lies die Einladung und beantworte die Fragen in ganzen Sätzen!

★ **Einladung zur Geburtstagsparty** ★

Am 18. Mai 1997 werde ich 15 Jahre alt – und ich möchte Dich gerne zu meiner Geburtstagsparty einladen.
Die Party findet bei mir zu Hause statt.
Meine Adresse ist Kölner Str. 18.
(Meine Telefonnummer ist 60 98 23).
Die Party beginnt um 20 Uhr.

Bitte bring etwas zu trinken mit (Cola, Orangensaft usw.).

Ich hoffe, Du kannst kommen

★ Heike ★

1 Warum macht Heike eine Party?
2 Wo ist die Party?
3 Wann sollen die Gäste kommen?
4 Was sollen die Gäste mitbringen?

b Heike hat dich zu ihrer Party eingeladen. Schreib einen Brief!

• bedanke dich für die Einladung
• du kannst aber nicht kommen
• warum nicht? (Konzert der Prinzen)

c Du bist dran. Schreib eine Einladung für deine nächste Geburtstagsparty! Die Einladung von **a** hilft dir dabei.

24 Im Kaufhaus ● ● ● ● ● ● ● ● ● ● ● ● ● ● ● ● ● ●

① 'Wo finde ich...?'

 Hör zu und mach Notizen!

	sucht?	wo?
Kunde 1		
Kunde 2		

Die Information	ist	im Erdgeschoß.
Die Buchabteilung	befindet sich	im Keller.
Zeitschriften	gibt es	im ersten/zweiten Stock usw.
Süßwaren	befinden sich	in der ersten/zweiten Etage usw.

② Partnerarbeit

A fragt. **B** antwortet.
Macht weitere Dialoge!

KAUFHAUS AM RING

K = Keller   **1** = 1. Etage
E = Erdgeschoß   **2** = 2. Etage

Bücher	K
Computer-Shop	1
Damenbekleidung	2
Elektrogeräte	E
Fotoabteilung	2
Geschenkartikel	K
Herrenbekleidung	2
Information	E
Kinderbekleidung	2
Lampen	1
Musikabteilung	K
Parfümerie	E
Restaurant	2
Schreibwaren	K
Zeitschriften	E

Beispiel: **A** *Wo finde ich Zeitschriften?*
         B *Zeitschriften befinden sich*
           im Erdgeschoß.

③ In der Musikabteilung

 Hör zu und lies die Sätze! Sind sie richtig oder falsch? Korrigiere die falschen Sätze!

1 Steffi sucht eine CD für ihre Mutter.
2 Die Mozart-CD kostet DM 49,99.
3 Sie möchte etwas Billigeres.
4 Sie möchte auch eine Popmusik-CD aus Deutschland.
5 Sie möchte die CD anhören.
6 Die CD mit den Hits aus Deutschland gefällt ihr gut.
7 Sie nimmt die neue CD der Prinzen.
8 Die CD kostet 39 Mark.

4 An der Kasse

 Hör zu! Kopiere den Kassenzettel und schreib die Preise auf!

Beispiel: 1

```
HORTEN MUSIKABTEILUNG

CD              DM 49.95
CD              DM 19.75

Zusammen        DM 69.70
```

5 Diese Woche im Angebot

Lies die Werbung und beantworte die Fragen in ganzen Sätzen!

Das Weserpark-Magazin
Diese Woche im Angebot (20.8. – 27.8.):

Alles für das neue Schuljahr!

Besuchen Sie unsere Schreibwarenabteilung im 3. Stock! Heute im Angebot:

DIN A-4 Hefte (kariert, liniert und blanco) **99 Pf.** pro Stück!
12 Filzstifte (Farben sortiert) nur **DM 4,99** *(reduziert von DM 7,45)*
Kugelschreiber (blau, schwarz, rot, grün) **DM 1,–**
Federmappe (aus Plastik m. Radiergummi u. Lineal) **DM 6,49**
Schultaschen im "101 Dalmatiner"-Look (Plastik weiß m. schwarzen Punkten) **DM 19,99**
Schul-Rucksäcke aus Leder (braun, rot, schwarz) **DM 39,–**

Neu im Fotoshop: Toshiba Fotoapparate (Dual Prima mit Sucherfocus) ab **DM 129,–**! Grundig Camcorder ab **DM 450,–**!

Sportartikel für die ganze Familie!

Alle Markenartikel jetzt reduziert:

Adidas-Tenniskleidung (Hemden, T-Shirts, Shorts und Röcke) – 50% Ermäßigung!
z.B. **T-Shirt "Wimbledon" DM 22,–** (Originalpreis: DM 33,–)
Rock "Team" DM 30,–
Nike-Sportschuhe (Größe 4 – 48) nur **DM 29,99**!
Puma-Trainingsanzüge (100% Baumwolle, schwarz-weiß, blau, lila)
Kindergrößen **DM 19,–**
Damengrößen (34 – 42) **DM 29,–**
Herrengrößen (S, M, L, XL) **DM 35,–**

Sie finden unsere Sportabteilung im 4. Stock

Ausverkauf! Ausverkauf! Ausverkauf! Wir räumen unsere Elektroabteilung (Keller) um!

Superangebote – nur diese Woche! Greifen Sie zu!
CDs ab **DM 11,99**!
Sony-Walkman DM 49,–

Besuchen Sie auch unsere Multimedia-Abteilung:
Computer (IBM) mit Tastatur, Maus und Faxmodem ab **DM 1499,–**!

1 Wann gibt es diese Sonderangebote?
2 Wo findet man Schultaschen?
3 Was haben die Filzstifte vorher gekostet?
4 Warum gibt es Elektroartikel im Sonderangebot?
5 In welchem Stock ist die Multimedia-Abteilung?
6 Was bekommt man mit dem Computer für unter 1500 DM?
7 Was hat das Adidas-T-Shirt vorher gekostet?
8 Aus welchem Material sind die Trainingsanzüge?

Klamotten •••••••••••••••••••••••••••••

6 Im Geschäft

Ordne die Sätze!

Beispiel: 1 = b

a Ja, es paßt. Ich nehme es.

f Hier – gefällt Ihnen dieses T-Shirt?

b Guten Tag. Kann ich Ihnen helfen?

g Ja, ich suche ein rotes T-Shirt.

c Ja, die Kabinen sind dort drüben.

h Welche Größe haben Sie?

d Paßt das T-Shirt?

i Ja. Kann ich es anprobieren?

e Größe 40.

7 Was kaufen sie?

 Hör zu und mach Notizen!

	sucht?	Farbe?	Größe?	Preis?
Susi	Pullover	...		
Markus				
Frank				

8 Haben Sie es eine Nummer größer?

 Hör zu und beantworte die Fragen in ganzen Sätzen!

1 Was sucht Saskia?
2 Welche Größe und welche Farbe?
3 Paßt die Jacke?
4 Was kostet die zweite Jacke?

Ich möchte Ich suche	ein T-Shirt/eine Jeans/ein Kleid usw. ein Paar Schuhe	in Schwarz/Rot/Gelb usw. in Größe…
Das ist Sie sind	(mir) zu groß/klein/lang/kurz/eng/weit/teuer usw.	
Haben Sie	etwas Kleineres/Größeres/Billigeres/anderes usw? diesen/diese/diesen… in Größe…?	

9 Partnerarbeit

A ist Kunde/Kundin. **B** ist Verkäufer/Verkäuferin.
Macht weitere Dialoge!

Beispiel: **A** *Ich suche ein T-Shirt.*
   B *Welche Größe?*
   A *Größe 36.*
   B *Und welche Farbe?*
   A *Rosa.*
   B *Hier – dieses T-Shirt ist sehr schön.*
   A *Nein, das T-Shirt ist zu klein.*
      Haben Sie etwas Größeres?
   B *Hier.*
   A *Ja, dieses T-Shirt paßt. Was kostet es?*
   B *29 Mark.*
   A *Ja, ich nehme dieses T-Shirt.*

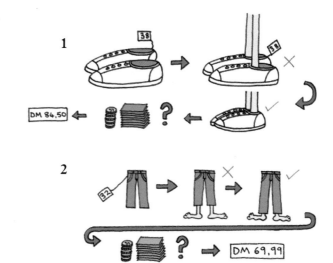

10 Umfrage

Mach eine Umfrage in der Klasse! Stell Fragen zum
Thema 'Kleidung'!

Beispiel: • Wo kaufst du am liebsten deine Klamotten?
   • Was trägst du am liebsten?

Schreib die Antworten auf!

Beispiel: *13 Schüler und Schülerinnen kaufen ihre
Klamotten am liebsten in der Stadt. 19 Schüler und
Schülerinnen tragen am liebsten Jeans.*

11 Du bist dran!

Lies den Brief und schreib einen Antwortbrief!

*Ich bin total kaputt! Ich war heute nachmittag in der Stadt und habe Klamotten gekauft.
Zuerst war ich im Jeans-Palast im Einkaufszentrum. Dort habe ich eine weiße Jeans
gekauft. Sie war im Sonderangebot – sie hat nur 49 Mark gekostet! Dann war ich noch
bei Jean Pascale – das ist ein Modegeschäft für junge Leute. Ich habe ein tolles hellblaues
T-Shirt anprobiert, aber es war zu klein. Es gab das T-Shirt nur noch in Rosa in meiner
Größe, aber es gefiel mir nicht. Ich habe dann ein lila 70er-Jahre-Hemd gekauft. Es hat
35 Mark gekostet. Ich gebe im Monat ungefähr 100 Mark für Klamotten aus. Ich trage am
liebsten Mode im Stil der 70er Jahre. Und Du? Was war Dein letzter Klamottenkauf?
(Was? Wo? Wie teuer?) Und was trägst Du am liebsten? Wo kaufst Du Deine Klamotten?
Und wieviel Geld gibst Du im Monat für Klamotten aus? Bitte antworte mir!*

Grammatik 3b ....

❶ Das T-Shirt paßt nicht!

Schreib Sätze!

Beispiel: 1 *Das T-Shirt ist zu klein.*

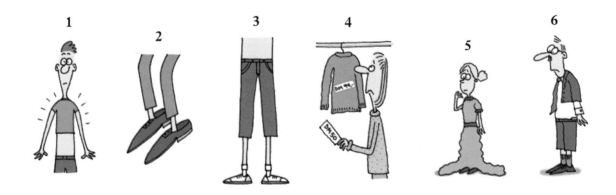

	männlich	**weiblich**	**sächlich**	**Plural**
NOM.	der rote Rock	die rote Bluse	das rote Kleid	die roten Schuhe
AKK.	den roten Rock	die rote Bluse	das rote Kleid	die roten Schuhe
DAT.	dem roten Rock	der roten Bluse	dem roten Kleid	den roten Schuhen

❷ Die Geburtstagsparty

Wer trägt was? Schreib Sätze!

Beispiel: *Jan trägt ein schwarzes T-Shirt.*

❸ Noch mehr Adjektive!

Ergänze die Lücken!

Beispiel: 1 *Ich kaufe die **neue** CD der Prinzen.*

1 Ich kaufe die _____ Prinzen-CD. (neu)
2 Das _____ Kleid gehört meiner Schwester. (schön)
3 Ich fahre mit dem _____ Zug in die Stadt. (schnell)
4 Meine _____ Kamera ist kaputt. (alt)
5 Wo hast du denn die _____ Schuhe gekauft? (billig)
6 Der _____ Doktor hat mir ein Rezept gegeben. (nett)
7 Die _____ Geschäfte sind alle in der Innenstadt. (groß)
8 Siehst du den _____ Rock im Schaufenster? (toll)

❹ Was ist schöner?

a Schreib Komparativ-Sätze!

Beispiel: 1 *Das Hemd ist billiger als die Jacke.*

1 das Hemd – die Jacke (billig)
2 meine Schwester – Susis Schwester (jung)
3 Salbe zum Einreiben – Lotion (teuer)
4 die Disco in Pinneberg – die Disco in Harburg (gut)
5 Kais Eltern – Uwes Eltern (streng)
6 das Kaufhaus am Markt – Kaufhaus im Zentrum (groß)
7 eine CD – eine Schallplatte (klein)
8 Ralfs Geburtstagsparty – Michaels Party (lustig)

b Ergänze die Lücken mit den passenden Superlativ-Formen!

Beispiel: 1 *Aber das T-Shirt ist am billigsten!*

1 Aber das T-Shirt ist _____! (billig)
2 Aber Uwes Schwester ist _____! (jung)
3 Aber die Tropfen sind _____! (teuer)
4 Aber die Disco im Jugendzentrum ist _____! (gut)
5 Aber Florians Eltern sind _____! (streng)
6 Aber das Kaufhaus am Dom ist _____! (groß)
7 Aber die Kassette ist _____! (klein)
8 Aber Katrins Party ist _____! (lustig)

❺ Warum fährst du in die Stadt?

Schreib Antworten mit *um zu*!

Beispiel: 1 *Ich fahre in die Stadt, **um einzukaufen**.*

1 Warum fährst du in die Stadt? (Ich kaufe ein.)
2 Warum gehst du zum Fundbüro? (Ich suche meine Uhr.)
3 Warum sitzt du am Computer? (Ich schreibe einen Brief.)
4 Warum gehst du zur Reinigung? (Ich hole meinen Mantel ab.)
5 Warum fährst du nach Pinneberg? (Ich gehe ins Kino.)
6 Warum bleibst du zu Hause? (Ich sehe fern.)

Extra 3b ....

Telefonieren

•TIPS ZUM TELEFONIEREN•

1 Wenn das Telefon klingelt, meldet man sich mit seinem Namen:

   Schulz!   Schulz hier!   Annette Schulz.

   oder mit seiner Telefonnummer: 60 20 31

2 Wenn du anrufst, nenn deinen Namen:

   Guten Tag, hier ist Michael Berger.

3 Wenn du jemanden sprechen willst, frag:

   Kann ich Monika sprechen, bitte?   Könnte ich bitte Monika sprechen?

   Ist Monika zu Hause?

4 Wenn die Person nicht da ist, frag:

   Kann ich bitte eine Nachricht hinterlassen?

   Könnte ich eine Nachricht hinterlassen?

   oder sag: Ich rufe später noch einmal an.

5 Wenn das Gespräch beendet ist, sag: Auf Wiederhören!

1 Das Telefongespräch

a Wähle die passenden Sätze links zu den Sätzen rechts!

a Könnte ich bitte Susi sprechen?
b Auf Wiederhören.
c Beimer hier!
d Möchtest du eine Nachricht hinterlassen?

1 Auf Wiederhören.
2 Nein, ich rufe später nochmal an.
3 Es tut mir leid, sie ist nicht da.
4 Guten Tag, hier spricht Uwe May.

b Schreib die richtige Reihenfolge des Telefongesprächs auf!

Beispiel: 1 = *c 4*

2 In der Telefonzelle

Wähle die passenden Bilder zu den Erklärungen!

 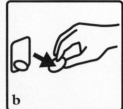 

1 Hörer abnehmen.

2 Auf das Rufzeichen warten.

3 Münzen in den Schlitz werfen.

4 Telefonnummer wählen.

5 Hörer aufhängen.

6 Wechselgeld entnehmen.

3 'Wir sind im Moment nicht da'

 a Hör zu und ergänze die Lücken!

Guten Tag, hier ist der automatische _____ von Familie
Klar, _____. Wir sind leider im Moment nicht _____.
Sie können aber nach dem Ton eine _____ hinterlassen,
oder Sie können uns ein _____ unter der Nummer
_____ schicken. Vielen Dank für Ihren _____.

b Du bist dran. Mach eine Kassettenaufnahme für den
Anrufbeantworter deiner Familie!

4 Florians Anrufbeantworter

 a Hör zu und mach Notizen!

	wer ruft an?	wann?	Nachricht?
1			
2			

b Jetzt bist du dran. Nimm deine eigene Nachricht auf!
Diese Informationen helfen dir:

- du rufst Julia an
- es ist Sonntag morgen
- du lädst sie zu deiner Geburtstagsparty (nächsten
  Samstag, Goldstr. 3) ein
- sie soll dich zurückrufen – 67 83 10

Projekt 3 · · · · · · · · · · · · · ·

Berlin ist eine Reise wert!

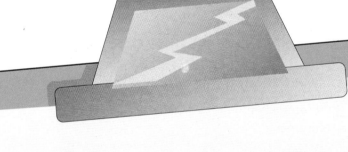

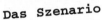

Das Szenario

Du arbeitest für die Jugendzeitschrift TEMPO in Berlin. Mit einer Gruppe von vier oder fünf Kollegen (deine Mitschüler/ Mitschülerinnen) sammelst du Informationen über eure Stadt. Euer Ziel: eine Werbekampagne über Berlin als Reise- oder Urlaubsstadt!

Die Aufgabe jeder Gruppe

Macht **a** ein Poster, **b** eine Broschüre, **c** eine Anzeige in einer TEMPO-Ausgabe und **d** einen Werbespot (eine Kassettenaufnahme) für den Berliner Radiosender *Berlin 101!*

 ### Die Informationen

Benutzt für eure Werbekampagne die Informationen auf diesen Seiten und die Informationen auf der Kassette: *Eine Stadtführung durch Berlin* und *Interviews mit Berliner Jugendlichen!*

Berlin

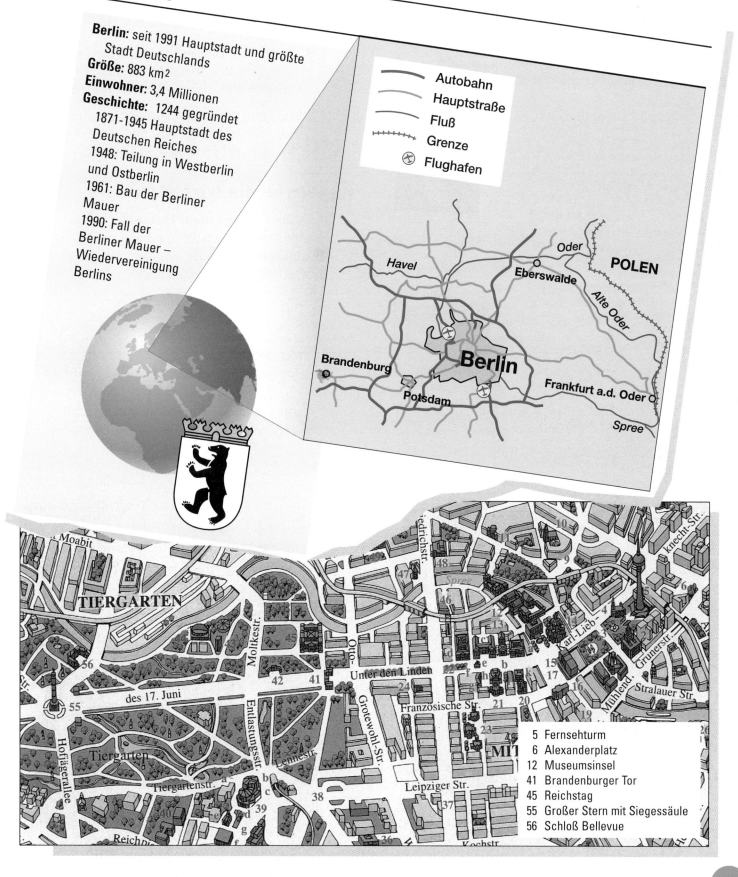

Berlin: seit 1991 Hauptstadt und größte Stadt Deutschlands
Größe: 883 km²
Einwohner: 3,4 Millionen
Geschichte: 1244 gegründet
1871-1945 Hauptstadt des Deutschen Reiches
1948: Teilung in Westberlin und Ostberlin
1961: Bau der Berliner Mauer
1990: Fall der Berliner Mauer – Wiedervereinigung Berlins

Autobahn
Hauptstraße
Fluß
Grenze
Flughafen

Havel
Oder
Eberswalde
POLEN
Alte Oder
Brandenburg
Berlin
Frankfurt a.d. Oder O
Potsdam
Spree

Moabit
TIERGARTEN
Spree
Moltkestr.
Otto-
Unter den Linden
Karl-Lieb-
Grunerstr.
Stralauer Str.
Mühlend.
des 17. Juni
Entlastungsstr.
Grotewohl-Str.
Französische Str.
Lennestr.
Hofjägerallee
Tiergarten
Tiergartenstr.
Leipziger Str.
MIT
Reichp
Kochstr.

5 Fernsehturm
6 Alexanderplatz
12 Museumsinsel
41 Brandenburger Tor
45 Reichstag
55 Großer Stern mit Siegessäule
56 Schloß Bellevue

131

25 Wie bin ich?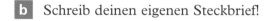

❶ Wir suchen Brieffreunde

 a Lies die Steckbriefe und hör zu! Wähle den passenden Brieffreund/die passende Brieffreundin für Knut und Steffi!

Name: Friederike
Alter: 15 Jahre
Größe: 1,63 m
Hobbys: Lesen, Kino
Was mir wichtig ist: Humor, gute Freunde
Was ich nicht gut finde: arrogante Leute, Rauchen
Was für ein Typ ich bin: optimistisch und lustig

Name: Andreas
Alter: 14 Jahre
Größe: 1,71 m
Hobbys: für Freunde kochen, Malen
Was mir wichtig ist: Ehrlichkeit, Natürlichkeit
Was ich nicht gut finde: Fast Food, Angeber
Was für ein Typ ich bin: nachdenklich, manchmal launisch

Name: Maximilian
Alter: 15 Jahre
Größe: 1,85 m
Hobbys: Skateboard fahren, Surfen
Was mir wichtig ist: viel Geld, Gesundheit
Was ich nicht gut finde: Pessimisten, pleite sein
Was für ein Typ ich bin: sportlich, locker

Name: Liane
Alter: 14 Jahre
Größe: 1,53 m
Hobbys: Computer, Fotografieren, Tanzen
Was mir wichtig ist: Frieden, Umweltschutz
Was ich nicht gut finde: Umweltverschmutzung, Lügen
Was für ein Typ ich bin: romantisch, engagiert

b Schreib deinen eigenen Steckbrief!

c Wähle den passenden Brieffreund/die passende Brieffreundin für dich! Erkläre deine Wahl in zwei oder drei Sätzen!

Beispiel: *Ich würde Andreas wählen, weil ich auch gern koche. Ich finde Ehrlichkeit wichtig, und ich mag keine Angeber.*

❷ Was für ein Typ bist du?

Lies die Eigenschaften! Ordne sie: was ist positiv, was ist negativ? Und was paßt zusammen? (Wenn du ein Wort nicht kennst, schlag es im Wörterbuch nach!)

Beispiel: **positiv:** *freundlich*
negativ: *unfreundlich*

freundlich pessimistisch sympathisch
arrogant ungeduldig fleißig launisch
selbstsüchtig höflich faul
gut gelaunt selbstbewußt geduldig
optimistisch unfreundlich frech

Ich bin	immer	freundlich.
	oft	launisch.
	manchmal	frech.
	selten	faul.
	nie	ungeduldig.

❸ Partnerarbeit

Macht Sätze mit 'Ich bin immer/oft/manchmal/selten/nie...'!

Beispiel: **A** *Ich bin immer optimistisch.*
B *Ich bin immer freundlich.*
A *Ich bin oft frech.*
B *Ich bin oft...*

4 Und du?

Lies den Brief und schreib eine Antwort!

> Ich bin 15 Jahre alt, und ich bin 1,75 m groß. Ich wohne in Lüneburg. Meine Hobbys sind Reiten und Computer. Ich gehe auch gern in die Disco. Humor und gute Freunde finde ich wichtig. Rauchen und Umweltverschmutzung finde ich nicht gut. Ich bin immer optimistisch, aber manchmal bin ich auch launisch. Und Du? Wie bist Du? Bitte antworte mir!

5 Idole

a Lies den Artikel! Lies dann die Beschreibungen unten!
Was paßt zu welchem Idol? (Eine Beschreibung bleibt übrig!)

Mein Vorbild

Mein Vorbild – das ist Boris Becker. Boris ist ein Superstar, aber er ist überhaupt nicht eingebildet. Das finde ich gut. Was ich auch toll finde: Boris ist nicht nur Sportler – er interessiert sich für Politik, und er engagiert sich gegen Rechtsradikalismus. Und seine Familie ist sehr wichtig für ihn – er geht zum Beispiel nicht auf Partys, sondern spielt lieber mit seinem kleinen Sohn. Also, Boris ist ein total sympathischer Typ!

Andrea (16 Jahre) aus Dresden

Mein Vorbild ist Til Schweiger. Til ist ein deutscher Schauspieler. Er sieht toll aus, und er hat viele Muskeln – so möchte ich auch aussehen! Er raucht nicht, und er trinkt keinen Alkohol – das finde ich gut. Til ist total locker und natürlich und überhaupt nicht arrogant. Aber er ist selbstbewußt und sagt immer seine Meinung. Toll finde ich auch, daß er soviel Humor hat und sich selbst nicht so ernst nimmt!

Dirk (15 Jahre) aus Köln

1 Er lebt sehr gesund, und er ist ein sehr attraktiver, natürlicher Typ. Er kann über sich selber lachen. Er hat vor niemandem Angst, und er sagt immer, was er denkt.

2 Er ist lustig, und er hat viele Hobbys. Er ist auch sehr intelligent, und er sieht sehr gut aus. Er ist sehr fleißig und diszipliniert – er arbeitet sehr viel.

3 Er ist sehr berühmt, aber er ist dabei nicht arrogant. Er interessiert sich für ernste Themen, und er ist sehr verantwortlich.

b Du bist dran. Hast du ein Idol? Wen findest du gut? Beschreib dein Vorbild! Die Informationen von **a** helfen dir.

Wie ich aussehe •••••••••••••••••••••••••••••••••••

Mir gefällt Mir gefallen	meine Figur/Größe/mein Mund/meine Nase (nicht). meine Augen/Haare/Hände/Füße (nicht).
Ich bin	(zu) groß/klein/mit meinem Aussehen (nicht) zufrieden.
Ich finde, Ich glaube,	daß ich (zu) dick/dünn bin. daß ich zu große Ohren/zu viele Pickel habe.

6 'Mir gefallen meine Augen'

Hör zu und mach Notizen!

	ihm/ihr gefällt/gefallen...	mag nicht...	mit dem Aussehen zufrieden?
Melanie **Tobias** **Astrid**	*ihre Größe, ihre Haare*		

❼ Umfrage

a Mach eine Umfrage in der Klasse! 'Was gefällt dir
an deinem Aussehen? Was gefällt dir nicht?'

b Schreib die Resultate auf!

Beispiel: *10 Schüler glauben, daß sie zu klein sind.*

c Du bist dran. Was gefällt dir an deinem Aussehen?
Und was gefällt dir nicht? Schreib Sätze!

❽ Partnerarbeit

A wählt eine berühmte Persönlichkeit, die er/sie bewundert.
Was gefällt ihm/ihr an ihr besonders – und was nicht?
Ist **B** der gleichen Meinung?

Beispiel: **A** *Ich finde Winona Ryder gut. Sie hat eine gute Figur.*
        B *Nein, sie ist viel zu dünn!*
        A *Aber sie hat schöne Augen…*

Danach ist **B** dran.

❾ Ist Schönsein wichtig?

 a Hör zu und beantworte die Fragen in
ganzen Sätzen!

1 Wie sehen die Vorbilder aus der
Reklame und der Modewelt aus?
2 Was ist Kathis Meinung zum Thema
Schönheit?
3 Wie denkt Jule darüber?
4 Wie findet Kathi die dünnen
Fotomodelle?
5 Was ist Jules Meinung zum Thema
Dünnsein?
6 Was ist Kathis Meinung dazu?

b Eine deutsche Jugendzeitschrift will wissen:
'Ist Schönsein wichtig?' Schreib deine
Meinung!

26 Freunde und Familie •••••••••

1 **Mädchen und Jungen – was nervt euch?**

a Lies die Aussagen **1–8**! Wähle dann die passende
Überschrift (**a–h**) zu den Informationen!

Beispiel: 1 = *c*

8 Sie denken immer, daß sie zu dick sind. Aber das stimmt gar nicht. Sie machen ständig Diät – und jammern dann, daß sie keine BigMacs essen dürfen!

1 Sie interessieren sich nur für ihr Äußeres: sie stehen den ganzen Tag vor dem Spiegel und finden sich selber toll. Sie reden nur über Mode und Make-up!

7 Sie stehen auf lange blonde Haare und blaue Augen – und finden eine tolle Figur super. Aber es kommt doch auf den Charakter an!

2 Sie wollen cool sein und tun so, als haben sie vor nichts Angst. Und sie sind so angeberisch – das gefällt mir nicht.

6 Man muß immer aufpassen, daß man nichts Falsches sagt. Sie regen sich über Kleinigkeiten auf und sind manchmal zickig.

3 Sie glauben, wir sind automatisch dümmer als sie. Sie lassen uns im Unterricht nie ausreden oder sagen: 'Davon hast du keine Ahnung!'

5 Sie trauen sich nicht, uns anzusprechen. Sobald sie mit ihrer Clique zusammen sind, verhalten sie sich ganz anders. Warum haben sie Angst vor uns?

4 Sie kommen immer zu spät: ins Kino, in die Disco... man muß immer auf sie warten – das verstehe ich einfach nicht!

a Sie sind schüchtern.

b Sie glauben, sie sind klüger.

c Sie sind oberflächlich.

d Sie wollen keine Gefühle zeigen.

e Sie wollen unbedingt dünn sein.

f Sie sind launisch.

g Sie gehen nur nach dem Äußeren.

h Sie sind immer unpünktlich.

b Was ist typisch Mädchen, und was ist typisch Jungen? Was meinst du?

Beispiel: 1 = *c*   Das ist typisch Mädchen!

c Was nervt dich an Jungen/Mädchen?
Schreib weitere Sätze!

Beispiel: *Mich nerven Jungen, die rauchen.*

❷ Feste Freundschaften

 a Hör zu und beantworte die Fragen in ganzen Sätzen!

1 Was ist für Conny am wichtigsten?
2 Was ist für Andreas am wichtigsten?
3 Was machen sie in ihrer Freizeit?
4 Was findet Andreas daran gut?
5 Was findet Conny an ihren Freundinnen blöd?
6 Seit wann ist Mareike solo?
7 Warum ist sie gern solo?
8 Was hat sie an ihrer Beziehung gestört?

b Was sind die Vor- und Nachteile einer festen
Beziehung? Mach Notizen!

Beispiel:

Vorteile	Nachteile
sich gut verstehen	keine Freiheit

Ich habe einen (festen) Freund/eine (feste) Freundin.
Ich bin mit ... zusammen.

Ich habe keinen (festen) Freund/keine (feste) Freundin.
Ich bin solo.
Ich habe Schluß gemacht.
Ich habe mich von meinem Freund/meiner Freundin getrennt.

❸ Partnerarbeit

 A stellt Fragen. **B** antwortet. Dann ist **B** dran.

• Hast du einen festen Freund/eine feste Freundin?
• Seit wann?
• Was macht ihr zusammen?
• Was ist das Wichtigste an einer festen
 Freundschaft?
• Was sind die Vorteile?
• Was sind die Nachteile?

❹ Hast du einen festen Freund/eine feste Freundin?

Schreib einen Brief an deinen Brieffreund/
deine Brieffreundin! Die Fragen von **Übung 3**
helfen dir.

Probleme ●

5 Geschwister

Hör zu und wähle die passenden Sätze!

1 Annika wohnt bei
   a ihrem Vater.
   b ihrer Mutter.
   c ihrem Stiefvater.

2 Sie hat
   a einen älteren Bruder.
   b einen älteren und einen
      jüngeren Bruder.
   c einen jüngeren Bruder.

3 Annika und ihr Bruder
   a verstehen sich immer
      gut.
   b verstehen sich gar nicht
      gut.
   c haben nur manchmal
      Streit.

4 Sie hätte am liebsten
   a gar keine Geschwister.
   b eine ältere Schwester.
   c einen älteren Bruder.

5 Heiko und seine
   Geschwister verstehen
   sich
   a ziemlich gut.
   b sehr gut.
   c überhaupt nicht.

6 Manchmal gibt es Streit
   um das
   a Fernsehen.
   b Abwaschen.
   c Ausgehen.

7 Sie machen
   a sehr viel zusammen.
   b nicht viel zusammen.
   c gar nichts zusammen.

8 Mit seinen Eltern versteht
   er sich
   a sehr gut.
   b nicht so gut.
   c überhaupt nicht.

9 Silke hat
   a eine jüngere und eine
      ältere Schwester.
   b zwei jüngere Schwestern.
   c zwei ältere Schwestern.

10 Am besten versteht sie sich
   a mit ihrer Mutter.
   b mit ihren Eltern.
   c mit ihrem Stiefvater.

11 Sie versteht sich besser mit
   a Miriam.
   b Laura.
   c Katja.

Ich verstehe mich	mit meinen Eltern/meiner Mutter/meinem Vater	(sehr) gut.
	mit meiner Stiefmutter/meinem Stiefvater	nicht gut.
	mit meinen Geschwistern	
	mit meiner Schwester/meinem Bruder	
	mit meiner Stiefschwester/meinem Halbbruder	

Ich komme (nicht) gut mit ... aus.
Ich habe oft/manchmal/selten/nie Streit mit ...
Ich streite mich oft/manchmal/selten/nie mit ...
Ich habe Probleme mit ...

6 Partnerarbeit

A fragt: Mit wem verstehst du dich am besten in deiner Familie? Warum? Und mit wem am wenigsten? Warum? Dann ist **B** dran.

7 Probleme mit den Eltern

Hör zu und mach Notizen!

	Probleme
Tina	
Frieder	

8 Und du?

Worüber streitest du dich mit deinen Eltern? Was sind die Probleme? Schreib Sätze!
Zum Beispiel:

- Klamotten
- Zimmer aufräumen
- Ausgehen
- im Haushalt helfen
- Taschengeld
- Musik hören

9 Leserbriefe

a   Lies die Leserbriefe und schreib eine Überschrift für jeden Brief!

Beispiel: 1 = *Das ist unfair!*

1 Ich bin 15 Jahre alt, und mein Bruder ist ein Jahr jünger als ich. Ich habe ein Problem. Ich muß meiner Mutter immer im Haushalt helfen – aber mein Bruder tut gar nichts! Meine Eltern meinen: 'Jungen können das nicht so gut. Hausarbeit ist Mädchensache'! **Frauke aus Hamburg**

2 Ich bin ein 16jähriger türkischer Junge. Ich bin in Deutschland aufgewachsen. Ich fühle mich als Deutscher. Aber jetzt wollen meine Eltern wieder in die Türkei zurück – sie haben Angst vor der Fremdenfeindlichkeit hier. Ich will aber nicht in die Türkei. Bitte hilf' mir! **Aylan aus Frankfurt**

3 Ich bin 16 Jahre alt, und ich brauche dringend einen Rat. Das Problem ist meine Mutter: wenn ich Besuch habe, kommt sie alle paar Minuten ins Zimmer – ohne anzuklopfen! Jetzt hat sie auch angefangen, meine Briefe und mein Tagebuch zu lesen! **Doreen aus Leipzig**

b   Wähle die passende Antwort zu jedem Brief!

a   Das Problem ist: deine Mutter vertraut dir nicht. Sie hat Angst, daß du etwas Verbotenes machst. Erkläre ihr deshalb, daß du vernünftig bist. Sage ihr aber auch: 'Auch Kinder haben Rechte – meine Post und mein Tagebuch gehören mir!'

b   Solche Probleme gibt es in vielen Familien. Aber das ist wirklich nicht fair. Jungen können so etwas genauso gut wie Mädchen! Sprich noch einmal mit deinen Eltern und erkläre ihnen das. Ihr könnt zum Beispiel einen Plan aufstellen – und jedes Familienmitglied (Mutter, Vater, Tochter und Sohn) wählt, welche Aufgaben er/sie im Haushalt erledigen möchte.

c   Hast du mit deinen Eltern schon einmal darüber gesprochen? Das ist ein schwieriges Problem – aber Probleme der Ausländerfeindlichkeit sind in jedem Land zu finden. Erkläre deinen Eltern deine Gefühle. Sie müssen verstehen: deine Heimat ist hier. Versucht, das Problem gemeinsam zu lösen. Vielleicht kannst du hier bei Verwandten wohnen bleiben? Ich wünsche dir viel Glück!

10 Partnerarbeit

a   Schreibt einen Problembrief – zum Beispiel zu folgenden Problemen: Eltern, Freunde/Clique, Liebeskummer/feste Freundschaft, Aussehen!

Beispiel: *Ich bin 16 Jahre alt, und ich habe ein Problem: meine Eltern sind so streng!*

b   Lest den Problembrief eines anderen Paares und schreibt eine Antwort!

27 Taschengeld ································

① Bekommst du Taschengeld?

🔊 Hör zu und mach Notizen!

	wieviel pro Monat?	kauft was?	spart?	kommt damit aus?
Nele				
Felix				

Ich bekomme | jeden Monat / pro Woche | ... Mark/Pfund Taschengeld.

Ich spare | jeden Monat | ... Mark/Pfund.

Ich komme mit meinem Taschengeld gut/nicht (gut) aus.

Ich kaufe von meinem Taschengeld | Klamotten/CDs/Zeitschriften/Bücher/Make-up/Computerspiele/Süßigkeiten usw.

Ich gebe mein Taschengeld für ... aus.

---

② Umfrage

a Die Klasse deines Brieffreundes/deiner Brieffreundin hat eine Umfrage gemacht: 'Was machst du mit deinem Taschengeld?' Hier sind die Resultate. Schreib Sätze!

Beispiel: *25 Prozent geben ihr Taschengeld für Süßigkeiten und Fast Food aus.*

5% 3% 12% 14% 25% 22% 19%

b Mach eine Umfrage in deiner Klasse! 'Was machst du mit deinem Taschengeld?' Schreib ähnliche Sätze!

③ Partnerarbeit

A fragt. **B** antwortet.

- Wieviel Taschengeld bekommst du?
- Kommst du mit deinem Taschengeld aus?
- Was machst du mit deinem Taschengeld?
- Sparst du etwas?/Wieviel sparst du?

Dann ist **B** dran.

④ Du bist dran

Schreib einen Bericht für die Schülerzeitung deines Brieffreundes/deiner Brieffreundin zum Thema 'Taschengeld'! Die Fragen von **Übung 3** helfen dir.

⑤ Taschengeld

a Lies Jans Brief und wähle die passenden Sätze!

1 Jan
   a bekommt regelmäßig Taschengeld.
   b bekommt Geld für Arbeiten im Haushalt.
   c arbeitet gern im Haushalt.
2 Für Arbeiten im Garten bekommt er
   a gar nichts.
   b 15 Mark.
   c 5 Mark.
3 Am Sonntag
   a räumt er sein Zimmer auf.
   b mäht er den Rasen.
   c wäscht er das Auto.
4 Manchmal macht er
   a Babysitting für seine Schwester.
   b die Wäsche.
   c den Abwasch.
5 Das meiste Geld verdient er für
   a Rasenmähen.
   b Babysitting
   c Autowaschen.

Du wolltest wissen: bekomme ich von meinen Eltern regelmäßig Taschengeld? Die Antwort ist: leider nicht – ich bekomme nur Taschengeld, wenn ich Aufgaben im Haushalt erledige. Ich mähe zum Beispiel den Rasen – dafür bekomme ich fünf Mark. Ich wasche auch jeden Sonntag das Auto meines Vaters. Er gibt mir dafür sechs Mark. Einmal in der Woche habe ich Putzdienst: ich staubsauge, und ich mache das Bad sauber. Dafür bekomme ich fünf Mark. Manchmal muß ich auch auf meine kleine Schwester aufpassen (sie ist zwei Jahre alt). Meine Mutter gibt mir dafür sieben Mark pro Nachmittag.

b Du bist dran. Bekommst du Geld für Aufgaben im Haushalt? Schreib einige Sätze!

Beispiel: *Ich gehe mit dem Hund spazieren – dafür bekomme ich…*

Jobben ●●●●●●●●●●●●●●●●●●●●●●●●●●●●●●●●●●●●

6 Ich habe einen Job

Hör zu und beantworte die Fragen in ganzen Sätzen!

1 Seit wann arbeitet Kim?
2 Was macht sie?
3 Wie hat sie den Job bekommen?
4 Wann arbeitet sie – und was muß sie tun?
5 Wie findet sie den Job?
6 Wieviel verdient sie dort?
7 Welchen anderen Job macht sie noch?
8 Wieviel Geld bekommt sie dafür?

9 Wo arbeitet der Student Gero am Wochenende?
10 Wann arbeitet er dort?
11 Wieviel verdient er dort?
12 Was muß er alles machen?
13 Wie findet er den Job?
14 Was macht er in den Sommerferien?
15 Wie hat er den Job bekommen?
16 Was macht er mit seinem Geld?

Ich	arbeite jobbe	in einem Geschäft/einem Café/einer Fabrik usw. als Zeitungsausträger(in)/Kellner(in)/Babysitter usw.

Um extra Geld zu verdienen,	arbeite ich als Verkäufer(in) usw. jobbe ich in einem Laden usw. trage ich Zeitungen aus/gebe ich Nachhilfe usw.

Die Arbeit ist interessant/anstrengend/langweilig usw.

7 Jobben

a Wo arbeiten sie? Schreib Sätze!

Beispiel: *Um extra Geld zu verdienen, arbeitet Tom als Verkäufer.*

TOM    NINA    JOHANNES    KERSTIN   UWE    VICKI

TOM

Samstag 4 Std. DM 13,–

NINA

Di. + Do. 2 Std. DM 9,–

JOHANNES

Einmal pro Woche 5 Std. DM 11,–

b **Partnerarbeit. A** wählt einen Job von **Übung a.**
B stellt Fragen. Macht weitere Dialoge!

KERSTIN

Mitt. 3,5 Std DM 12,50

UWE

Mo. + Mitt. 3 Std. DM 10,–

Beispiel: **B** *Hast du einen Job?*
A *Ja, ich trage Zeitungen aus.*
B *Wann machst du das?*
A *Montags und mittwochs.*
B *Und wie lange dauert die Arbeit?*
A *Die Arbeit dauert 2 Stunden.*
B *Was verdienst du pro Stunde?*
A *Ich bekomme 10 Mark pro Stunde.*

Dann ist **B** dran.

VICKI

Samstag 4 Std. DM 10,75

8 Und wo arbeitest du?

a Lies den Brief und ergänze die Lücken!

Ich _____ jeden Samstag in einer Bäckerei. Ich arbeite dort

als _____. Ich verkaufe Brot und Kuchen, und manchmal _____ ich

auch im Café der Bäckerei. Die Arbeit ist ziemlich _____ , weil ich die ganze

Zeit stehen muß. Aber die Arbeit _____ mir. Die Kolleginnen sind sehr nett

zu mir, und die _____ ist auch gut: ich _____ 13 Mark pro

Stunde. Ich arbeite von 9 Uhr bis 13 Uhr 30. Ich _____ das Geld. Ich

möchte mir einen Computer kaufen. Und Du – arbeitest Du auch?

anstrengend helfe Verkäuferin gefällt
jobbe spare Bezahlung bekomme

b Schreib einen Antwortbrief! Erkläre:

* wo du arbeitest
* wann du arbeitest
* was du dort machen mußt
* wieviel du verdienst
* wie dir die Arbeit gefällt

143

28 Unsere Umwelt ....

① Umwelt-Umfrage

 Hör zu und mach Notizen! Was ist umweltfreundlich oder umweltfeindlich?

Beispiel:

umweltfreundlich	umweltfeindlich
Pfandflaschen	Dosen

② Recycling in Deutschland

 Hör zu und lies die Sätze! Sind sie richtig oder falsch? Korrigiere die falschen Sätze!

1 Angelika ist sehr umweltfeindlich.
2 Sie recycelt ihren Müll.
3 Sie hat einen Container für ihren Müll.
4 Flaschen kommen in den Altglascontainer.
5 Zeitschriften kommen auch in den Altglascontainer.
6 In den gelben Sack kommt Metall und Kunststoff.
7 In der Biotonne sammelt sie Abfälle aus der Küche.
8 Sie findet Recycling sehr unbequem.

③ Was macht ihr für die Umwelt?

Lies den Artikel rechts! Was machen diese Schüler und ihre Familien für die Umwelt:

• zu Hause?
• beim Autofahren?
• beim Einkaufen?

„Meine Eltern fahren auf der Autobahn langsamer. Sie sparen Benzin. Ich bin umweltbewußt erzogen worden. Wenn ich aus dem Zimmer gehe, mache ich immer das Licht aus. Im Winter drehe ich die Heizung ab, sobald ich das Haus verlasse. Beim Einkaufen achte ich auf die Verpackung. Joghurt zum Beispiel kaufe ich im Glas, nicht in Pappbechern." **Christoph, 15**

„Ich bade nicht in der Badewanne, sondern dusche. Dabei verbrauche ich weniger Wasser. Papier und Glas schmeiße ich nur in Spezialcontainer, die stehen in jedem Stadtteil. Dafür laufe ich gern ein paar Meter. Meine Mutter denkt auch an die Umwelt. Im Supermarkt macht sie zum Beispiel die Verpackungen ab und läßt sie einfach liegen. Meine Schwester und mein Vater interessieren sich wenig für den Umweltschutz. Sie sind zu bequem." **Ines, 18**

Ich	finde	Umweltschutz sehr/nicht so wichtig.
Ich	kaufe	umweltfreundliche Produkte/Pfandflaschen. keine Spraydosen/Einwegflaschen/Dosen.
Ich	benutze verwende	Mehrwertprodukte/recycelte Produkte. beim Einkaufen Stofftaschen/keine Plastiktüten.

Ich recycle/trenne meinen Müll.
Ich benutze Recycling-Mülltonnen.
Ich fahre mit dem Fahrrad.
Ich fahre nicht mit dem Auto.
Ich spare Energie/Wasser.

4 Partnerarbeit

a **A** ist Umweltfreund. **B** stellt Fragen. Die Sätze im Hilfe-Kasten helfen euch.

Beispiel: **B** *Findest du Umweltschutz wichtig?*
A *Ja, ich finde Umweltschutz sehr wichtig.*
B *Kaufst du Pfandflaschen?*
A *Ja, ich kaufe nur umweltfreundliche Produkte.*

b Dann ist **B** dran. Er/Sie ist kein Umweltfreund!

Beispiel: **B** *Findest du Umweltschutz wichtig?*
A *Nein, ich finde Umweltschutz nicht wichtig.*
B *Kaufst du Pfandflaschen?*
A *Nein, ich kaufe Einwegflaschen und Dosen.*

5 Umfrage

Mach eine Umfrage in der Klasse! 'Findest du Umweltschutz wichtig? Was tust du für die Umwelt?' Schreib dann deinem deutschen Brieffreund/deiner deutschen Brieffreundin die Resultate!

Beispiel: *25 Schüler finden Umweltschutz sehr wichtig. 13 Schüler bringen Glas und Flaschen zum Altglascontainer...*

6 Umweltschutz in England

Was tust du für die Umwelt? Schreib einen Artikel für die Schülerzeitschrift deines Brieffreundes/deiner Brieffreundin!

Beispiel:

Ich bringe Flaschen zum Altglascontainer, und ich bringe Zeitungen und Papier zum Altpapiercontainer.

Umweltschutz in der Schule ● ● ● ● ● ● ● ● ● ● ● ● ● ●

7 Was macht die Umweltschutzgruppe?

 a Hör zu und wähle die passenden Bilder!

b Hör noch einmal zu! Beantworte die Fragen in ganzen Sätzen!

1 Was für ein Projekt macht 'Arche Noah' im Moment?
2 Warum war Müll ein Problem?
3 Was haben sie deshalb gemacht?
4 Wie haben sie die anderen Schüler informiert?

5 Wie ist die Müll-Situation heute?
6 Was machen sie sonst noch für den Umweltschutz?
7 Was für Tiere leben dort?
8 Wie oft arbeiten sie dort?

8 Umweltschutz an deiner Schule

Gibt es ähnliche Umweltprojekte an deiner Schule? Welche Umweltprojekte würdest du an deiner Schule machen? Schreib einen Bericht!

9 Umweltprobleme

a Sieh dir die Zeichnung einer deutschen Schülerin an. Wähle die passenden Bilder zu den Texten auf Seite 147!

a Tierarten sterben aus.

b Kraftwerke produzieren Schwefeldioxid (SO_2).

c Müllberge wachsen.

d Autos verpesten unsere Luft.

e Bäume verlieren ihre Blätter.

f Fabriken verschmutzen unsere Flüsse.

g Saurer Regen fällt auf die Bäume.

b Schreib einen Brief an deinen deutschen Brieffreund/
deine deutsche Brieffreundin und stell Fragen zum Thema:
'Welche Umweltprobleme gibt es bei euch?'!

Beispiel: *Sterben Tierarten aus?*

⑩ Das Umwelt-ABC

Arbeitet in Gruppen von vier oder fünf Personen und
schreibt ein Umwelt-ABC!

Beispiel: A = *Abfall*
          B = ?
          C = ?
          D = ...

⑪ Umwelt-Fragebogen

a **Partnerarbeit**. **A** fragt. **B** antwortet, und **A** notiert
die Antworten. Dann ist **B** dran.

1 Welche Umweltprobleme gibt es in
unserem Land?

2 Wer ist dafür verantwortlich?

3 Nenn einen verschmutzten Fluß in
unserem Land.

4 Wo gibt es bei uns ein Müllproblem?

5 Was wird bei uns für den Schutz der
Umwelt getan?

6 Was tust du für den Umweltschutz?

7 Welche Gegend (im Umkreis von 30
Meilen) findest du schön?

8 Haben deine Eltern ein Auto?

b Schreibt die Antworten zu den Fragen an die Tafel und
wertet die Resultate aus!

Beispiel: 1 *Unsere Flüsse sind ziemlich verschmutzt.*

Grammatik 4a ••••••••••••••••••••••••••

❶ Das Klassenfoto

Wie sahen sie früher aus? Schreib Sätze!

Beispiel: 1 *Ich **war** zu dick.*

Schuljahr 1994

1 Ich _____ zu dick.
2 Du _____ zu große Ohren.
3 Susi _____ zu dünn.
4 Michael _____ zu große Füße.

5 Wir Mädchen _____ Pickel.
6 Ihr Jungen _____ zu klein.
7 Florian und Tom _____ lange Haare.
8 Jules und Annas Haare _____ sehr kurz.

❷ Immer Ärger mit Maxi!

Schreib die Verben im Imperfekt auf!

Beispiel: *begrüße – begrüßte*

Eine Kurzgeschichte

"Mensch, da bist du ja!" _____ (*begrüße*) ich meine beste Freundin Eva, "Komm rein!" "Was ist denn los?" _____ (*sagt*) sie, "Gibt es wieder Ärger mit Maxi?" "Und wie!" _____ (*antworte*) ich. "Na, dann erzähl mal", _____ (*lacht*) Eva. Maxi ist mein kleiner Bruder. Er ist 12 Jahre alt – und er nervt mich und meine Schwester Julia total. Ich _____ (*erzähle*): "Stell dir vor – gestern abend _____ (*hat*) er Abwaschdienst – und ich _____ (*bin*) in meinem Zimmer. Plötzlich _____ (*höre*) ich einen riesigen Lärm aus der Küche. Julia_____ (*schreit*): "Kathi, komm schnell!" "Was ist denn?" _____ (*rufe*) ich." "Ja, und dann?" _____ (*fragt*) Eva gespannt. Ich _____ (*erzähle*) weiter: "Julia und Maxi _____ (*sind*) in der Küche: Julia _____ (*weint*), und Maxi _____ (*heult*). Und auf dem Boden, auf dem Boden... "Was ist denn hier passiert?" _____ (*flüstere*) ich nur...

❸ Als ich 15 war…

Schreib Ingas Brief zu Ende!

Liebe Sarah,
letztes Jahr hatte ich viele Probleme mit meinen Eltern!

Beispiel: 1 *Als ich in Mathe schlechte Noten hatte, schimpfte meine Mutter. /*
*Meine Mutter schimpfte, **als** ich in Mathe schlechte Noten hatte.*

1 Ich hatte in Mathe schlechte Noten.
Meine Mutter schimpfte.

2 Ich malte mein Zimmer schwarz.
Meine Eltern waren wütend.

3 Ich kam einmal spät nach Hause.
Es gab Ärger.

4 Ich hatte Liebeskummer.
Mein Vater lachte nur.

5 Ich färbte meine Haare grün.
Meine Mutter weinte.

6 Ich verlor meine Schlüssel. Meine Eltern
schimpften.

7 Ich hatte einen neuen Freund. Es gab
immer Streit.

8 Ich wurde endlich 16. Ich bekam
mehr Freiheiten!

❹ Wem gehört das?

Schreib Sätze!

Beispiel: 1 *Das ist das Fahrrad meines Bruders.*

❺ Ich habe einen Ferienjob

Verbinde die Sätze mit *während*!

Beispiel: 1 ***Während** ich in den Ferien arbeite, stehe ich früh auf.*

1 Ich arbeite in den Ferien. Ich stehe
früh auf.

2 Ich fahre zur Arbeit. Ich lese Zeitung.

3 Ich habe Mittagspause. Ich esse meine
Brote.

4 Ich arbeite am Computer. Meine Kollegin
tippt Briefe.

5 Ich trinke Kaffee. Ich telefoniere mit
meiner Mutter.

6 Ich warte auf den Bus. Ich lese ein Buch.

7 Ich fahre nach Hause. Ich höre Musik.

8 Ich esse mein Abendbrot. Ich beschreibe
meinen Arbeitstag.

Lesen

- Lies soviel Deutsch wie möglich: Zeitschriften, Zeitungen, Bücher… Frag deinen Lehrer/ deine Lehrerin, ob du deutsche Zeitschriften ausleihen kannst. Oder bitte deinen Brieffreund/ deine Brieffreundin, dir deutsche Jugendzeitschriften zu schicken.

- Versuch immer, die wichtigsten Wörter und Hauptideen eines Textes zu identifizieren.

- Hab keine Angst, wenn du nicht jedes Wort verstehst. Du kannst oft den Inhalt vom Kontext erraten. Schlag nur die wichtigsten Wörter im Wörterbuch nach, die du nicht verstehst.

- Lies die Fragen oder die Aufgabe genau, bevor du einen Text liest.

Nie waren Klamotten* so bunt wie heute: Die Mode der „Techno"-Generation erobert mit Farbschocks die Kleiderschränke. Was früher unmöglich war, ist heute erlaubt, zum Beispiel wildes Kombinieren von Mustern und Stoffen. Was gehört noch zur Techno-Mode? Schrille Brillen, Ringe in Ohren, Nasen, Lippen oder Augenbrauen, buntes Plastikspielzeug und gefärbte Haare; auf dem Kopf Piratentücher, Kappen und Mützen; an den Füßen Stiefel mit dicken Sohlen oder Turnschuhe aus den Siebzigern. Die „Uniform" der Achtziger – Jeans, Sweatshirt und Basketball-schuhe – gehört endlich in die Altkleider-Sammlung. In den Neunzigern will jeder einzigartig sein – und ausse-hen. Den Trend machen die jungen Leute, und noch reagieren viele Ältere schockiert. Doch sicher nicht lange! Der Techno-Trend hat bereits die Laufstege der internationalen Modemacher erobert. Wie heißt es doch so schön in einem deutschen Popsong: „Es ist alles nur geklaut!"

* Klamotten: umgangssprachlich für: Kleidung

1 Techno-Mode

Lies den Artikel auf Seite 150! Lies dann die Sätze unten!
Sind sie richtig oder falsch? Korrigiere die falschen Sätze!

1 Techno-Mode ist nicht bunt.
2 Techno-Fans tragen verschiedene Muster und Stoffe zusammen.
3 Bunte Haare gehören nicht zum Techno-Look.
4 Techno-Fans tragen altmodische Kopftücher.
5 Als Schmuck tragen sie nur Ohrringe.
6 Stiefel und Turnschuhe aus den Siebziger Jahren sind auch 'in'.
7 Vor 10 Jahren trugen die Jugendlichen alle individuelle Kleidung.
8 Heute wollen die Jugendlichen Secondhand-Klamotten tragen.
9 Viele Erwachsene finden die Mode der Jungen zu wild.
10 Der Techno-Look ist inzwischen ein richtiger Modetrend geworden.

2 Lies den Brief und schreib eine Antwort!

Ich finde den Techno-Look super. Wenn ich in die Disco gehe, trage ich einen silbernen Minirock und ein schrilles enges T-Shirt. Dazu trage ich dicke Stiefel und eine Baseballkappe. Meine Eltern finden den Techno-Look nicht so gut. Ich finde zum Beispiel 'Body-Piercing' toll, aber das erlauben meine Eltern nicht – leider! Und Du? Magst Du Techno-Mode? Warum (nicht)? Wie finden Deine Freunde und Deine Eltern die Techno-Mode? Und wie findest Du Body-Piercing? Sind Deine Eltern dafür oder dagegen? Bitte antworte mir!

29 Gesundheit und Fitneß . . . .

 ① Gesund oder ungesund?

gesund	ungesund
Mineralwasser	Schokolade

Hör zu und mach Notizen!   Beispiel:

② Essen in Deutschland – Essen in England

 a Was ißt man in Deutschland? Was ißt man in England?
Hör zu und wähle die passenden Bilder!

Beispiel: *Deutschland = 3, England = 1*

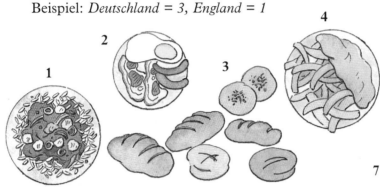

 b Hör noch einmal zu! Beantworte die Fragen in ganzen Sätzen!

1 Wie fand Charlotte das Essen in England?
2 Was hat sie besonders gern gegessen?
3 Was hat ihr nicht geschmeckt?
4 Was hat Sven nicht gern gegessen?
5 Was hat ihm am meisten gefehlt?

6 Was hat er gern gegessen?
7 Warum mochte Anne die Pommes nicht?
8 Was ißt man in England mehr als in Deutschland?

Ich esse	wenig/manchmal/keine Schokolade/kein Fast Food/Fett/Fleisch. (viel) Obst/Salat/Gemüse/Fisch/vegetarisches Essen.

Obst/Salat/Gemüse/Fisch/vegetarisches Essen Zuviel Schokolade/Fast Food/Fett/Fleisch	ist gesund. ist ungesund. macht dick.

③ Partnerarbeit

A fragt. **B** antwortet. Dann stellt **B** Fragen.

Beispiel: **A** *Ißt du Schokolade?*
          B *Ja, ich esse viel Schokolade.*
          A *Ißt du auch Fast Food?*
          B *Ja, ich esse manchmal Fish und Chips…*

4 Fast Food-Umfrage

Mach eine Tonbandaufnahme für deinen Austauschpartner/deine Austauschpartnerin. Stell Fragen in einer Gruppe von vier oder fünf Personen!

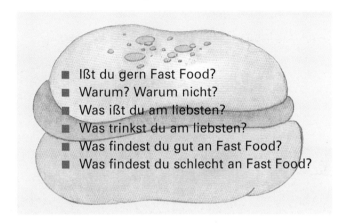

- Ißt du gern Fast Food?
- Warum? Warum nicht?
- Was ißt du am liebsten?
- Was trinkst du am liebsten?
- Was findest du gut an Fast Food?
- Was findest du schlecht an Fast Food?

5 Vegetarisch essen – ja oder nein?

a Lies die Sätze! Sind sie für oder gegen vegetarisch essen?

Beispiel:

dafür	dagegen
3	

1 Ich esse gerne Fleisch!

2 Das Essen ist so langweilig.

3 Ich liebe Tiere!

4 Fleisch ist voll mit Chemie.

5 Der menschliche Körper braucht Fleisch.

6 Ich bin gegen Tierquälerei.

7 Das Essen ist viel billiger und gesünder.

8 Ich mag einfach kein Gemüse.

b Bist du Vegetarier – ja oder nein? Warum? Warum nicht? Schreib Sätze mit den Informationen von **a**!

Beispiel: *Ich bin Vegetarier, weil ich Tiere liebe.*
Ich bin kein Vegetarier, weil…

c Schreib weitere Sätze für oder gegen Vegetarier!

Beispiel: *Ich bin kein Vegetarier, weil meine Mutter nicht vegetarisch kochen will.*

Lebst du gesund? • • • • • • • • • • • • • • • • • • •

6 'Was tust du für deine Gesundheit?'

Hör zu und mach Notizen!

	Was ist gesund?	Was ist ungesund?
Björn Golo Meike		

7 **Partnerarbeit**

A stellt Fragen, und **B** antwortet. Dann ist **B** dran.

- Machst du Sport?
- Was für Sport machst du?
- Wie oft machst du Sport?
- Rauchst du? (Wie viele Zigaretten rauchst du am Tag?)
- Trinkst du ab und zu mal Alkohol? (Wann und wieviel?)
- Was ißt du jeden Tag zum Frühstück?
- Was ißt du zum Mittagessen?
- Was ißt du zum Abendbrot?

8 **Rauchen ist…**

Lies die Wörter! Was meinst du? Warum rauchen Jugendliche?
Schreib Sätze!

Beispiel: *Rauchen ist attraktiv.*

> langweilig attraktiv schädlich reizvoll erwachsen
> cool ungesund ein tolles Gefühl gefährlich lässig
> falsch altmodisch schick teuer entspannend

9 Warum rauchen Jugendliche?

a Lies den Artikel und beantworte die Fragen in ganzen Sätzen!

Rauchen – ja oder nein?
Die *Jugendmagazin*-Redaktion fragte Jugendliche in Hamburg.

Katharina (16) raucht seit drei Jahren: 'Ich habe mit dem Rauchen angefangen, weil alle meine Freundinnen geraucht haben. Geschmeckt hat es mir nicht – aber ich wollte nicht Außenseiter sein.' Heute raucht sie 15 Zigaretten am Tag: 'Ich weiß, das ist zuviel. Aber ich kann einfach nicht damit aufhören – es ist wie eine Sucht.' Jan (15) ist Nichtraucher: 'Meine Eltern sind beide Raucher, und das Gequalme geht mir wirklich auf die Nerven! Das ist nichts für mich – ich will nicht wie ein Aschenbecher stinken!' Sein bester Freund Florian (16) hat vor einem Jahr mit dem Rauchen aufgehört: 'Früher hab' ich eine Schachtel am Tag gepafft, aber mir ging's echt schlecht: morgens mußte ich immer husten, und ich hab' schlecht Luft bekommen.' Seitdem er nicht mehr raucht, geht es ihm viel besser: 'Ich bin jetzt viel fitter – ich kann joggen, und ich kann viel besser riechen und schmecken.' Nina (15) raucht jedoch gern: 'Rauchen schmeckt – und macht Spaß! Wenn ich rauche, fühle ich mich total gut!'

1 Warum raucht Katharina?
2 Warum hört sie nicht mit dem Rauchen auf?
3 Warum raucht Jan nicht?
4 Warum hat Florian aufgehört zu rauchen?
5 Wie geht es ihm jetzt?
6 Warum raucht Nina gern?

b Das *Jugendmagazin* will wissen: Wie denken Jugendliche in anderen Ländern zum Thema Rauchen? Warum seid ihr dafür – oder dagegen? Schreib einen Brief an das *Jugendmagazin*!

30 Meine Schule ....

❶ Gehst du gern zur Schule?

 a Hör zu und beantworte die Fragen in ganzen Sätzen!

1 Wie findet Andreas die Schule?
2 In welcher Klasse ist Andreas?
3 Warum geht er gern zur Schule?
4 Wie gefällt ihm der Unterricht?
5 Wie findet Susanne die Schule?
6 Warum geht sie nicht gern zur Schule?
7 Was findet sie wichtiger?
8 Was stört sie sonst noch an der Schule?

b **Partnerarbeit**. **A** stellt Fragen, und **B** antwortet.
Dann ist **B** dran.

- Wie findest du die Schule?
- Warum gehst du (nicht) gern zur Schule?
- Wie findest du den Unterricht?
- Warum findest du den Unterricht gut/schlecht?
- Was ist wichtig an einer guten Schule?

Ich gehe gern zur Schule,	weil	der Unterricht interessant ist. die Lehrer nett/jung/locker/engagiert sind.
Ich gehe nicht gern zur Schule,	weil	der Unterricht langweilig/trocken ist. die Lehrer streng sind.
Die Schule nervt (total),	weil	es kein Kameradschaftsgefühl gibt. es zu viele Streber gibt.

❷ Wie ist ein guter Lehrer?

  a Hör zu und mach Notizen!

gut	schlecht
Humor	*autoritär*

b Mach eine Umfrage in der Klasse! 'Wer ist ein guter/schlechter Lehrer? Warum?'

Beispiel: *Herr Rogers ist ein guter Lehrer.*
Sein Unterricht ist interessant.

❸ Wie findet sie die Schule?

 Hör zu und lies die Sätze! Sind sie richtig oder falsch? Korrigiere die falschen Sätze!

1 Franziska ist in der achten Klasse.
2 Ihr Lieblingsfach ist Englisch.
3 Sport und Chemie mag sie überhaupt nicht.
4 Der Unterricht beginnt mittwochs um elf Uhr.
5 Sie hat normalerweise sechs oder fünf Stunden.
6 Sie fährt mit dem Rad zur Schule.
7 In den Pausen ißt sie mit ihren Freundinnen in der Kantine.
8 Sie macht ihre Hausaufgaben nachmittags oder abends.
9 Franziska findet Schule immer stressig.
10 Alle Lehrer sind sehr nett, findet sie.

④ **Partnerarbeit**

Macht ein Tonband-Interview für das Schulradio einer deutschen Schule! Das Thema ist 'Ein typischer Schultag'. **A** stellt Fragen, und **B** antwortet. Dann ist **B** dran.

- In welche Klasse gehst du?
- Was ist dein Lieblingsfach?
- Welches Fach magst du gar nicht?
- Wann beginnt der Unterricht?
- Wie viele Stunden hast du?/Wann ist der Unterricht zu Ende?
- Wie fährst du zur Schule?
- Was machst du in den Pausen?
- Wie findest du die Schule?
- Wie findest du die Lehrer?

⑤ **Schule in Deutschland – Schule in England**

a Was sind die Unterschiede? Hör zu und mach Notizen!

Beispiel:

Schule in Deutschland	Schule in England
der Unterricht beginnt um acht Uhr	der Unterricht beginnt um 9.10 Uhr

b **Gruppenarbeit**. Gibt es noch andere Unterschiede? Arbeitet in Gruppen von vier oder fünf Personen und schreibt Sätze!

⑥ **Gute Noten für die Schule**

Lies den Artikel und wähle die passenden Sätze!

Gute Noten für die Schule

Langweiliger Unterricht, doofe Pauker, lästige Schularbeiten und Klausuren. So denken wohl die meisten über die Schule, oder? – Falsch! Eine Umfrage unter Deutschlands Schülern bringt ganz andere Ergebnisse: 75 Prozent sind mit ihrer Schule zufrieden. Vor allem die jungen Lehrer bekamen gute Noten: „Der Unterricht macht Spaß, wir behandeln aktuelle Themen, und selbst der Geschichtsunterricht ist lebendig", urteilen die Schüler. Nur jeder Vierte ist unzufrieden: zu strenges Notensystem, schlechte Förderung für Schwache, autoritäre Lehrer – das sind die Kritikpunkte.

1 Drei Viertel der deutschen Schüler
   a finden ihre Schule schlecht.
   b finden ihre Schule gut.
   c finden ihre Schule langweilig.

2 Sie mögen besonders
   a alte Lehrer.
   b junge Lehrer.
   c autoritäre Lehrer.

3 Sie finden:
   a Geschichte macht am meisten Spaß.
   b Geschichte macht am wenigsten Spaß.
   c sogar Geschichte macht Spaß.

4 25 Prozent der Schüler kritisieren
   a zu strenge Noten und strenge Lehrer.
   b langweiligen Unterricht und dumme Lehrer.
   c zu viele Hausaufgaben und Klausuren.

Deine Meinung ●

❼ Schuluniformen

 a Hör zu und beantworte die Fragen in ganzen Sätzen!

 1 Warum würde Monika keine Schuluniform tragen?
 2 Warum findet Frank Schuluniformen gerechter?
 3 Was ist Monikas Meinung?
 4 Was ist Franks Meinung zur Kleidung seiner Klasse?
 5 Welche anderen Gründe nennt Monika?
 6 Was ist Franks Meinung?

Ich finde Schuluniformen	gut/schlecht.
Ich finde meine Uniform	praktisch/bequem/schön/toll/modisch.
	unpraktisch/unbequem/häßlich/altmodisch.

b Was ist deine Meinung? Schreib so viele Sätze wie möglich!

 Beispiel: *Ich trage lieber eine Uniform, weil sie bequem ist.*
 Ich trage lieber keine Uniform, weil...

c Mach eine Klassenumfrage für die Klasse deines Brieffreundes/deiner Brieffreundin! Nimm die Resultate auf Tonband/Kassette auf!

 Beispiel: *Meine Klasse findet Uniformen gut. 13 Schüler/Schülerinnen tragen lieber eine Uniform, weil...*

❽ Schulordnung

Lies die Schulordnung! Lies dann die Sätze auf Seite 159! Sie sind alle falsch. Korrigiere sie!

SCHULZENTRUM DREBBERSTRASSE
Schulordnung

Ordnung und Sauberkeit
Auf dem gesamten Schulgelände ist auf Ordnung und Sauberkeit zu achten. Es ist verboten, Abfall und Papier auf den Boden zu werfen. Es ist ebenfalls verboten, die Wände mit Graffiti und ähnlichem zu bemalen.

Pausen
Während der Pausen müssen sich alle Schüler auf dem Hof oder in der Aula aufhalten. Der Aufenthalt in den Klassenräumen ist ohne ausdrückliche Genehmigung des Klassen- oder Fachlehrers ausdrücklich verboten.

Ballspiele
Das Ballspielen auf dem Hof ist ausdrücklich verboten. Schüler, die Ball spielen wollen (Fußball, Basketball, Handball), müssen die Spielfelder hinter dem Sportplatz benutzen.

Fahrräder
Fahrräder müssen im Fahrradhof links der Sporthalle abgestellt werden. Fahrräder, die anderswo abgestellt werden, werden vom Hausmeister entfernt.

Rauchen
Das Rauchen ist für Schüler unter 16 Jahren auf dem Schulgelände verboten. Schüler ab 16 Jahren dürfen nur auf dem Raucherhof rauchen. Das Rauchen auf dem Hof, in den Gängen, in den Räumen und in den Toiletten ist verboten.

Gefährliche Gegenstände
Es ist ausdrücklich verboten, gefährliche Gegenstände (Schraubenzieher, Taschenmesser, Luftschutzpistolen usw.) mit zur Schule zu bringen. All diese Gegenstände werden konfisziert und den Eltern erst am Ende des Schuljahres übergeben.

Februar 1997   Die Schuldirektorin Fr. Dr. M. Schneider-Lützmann

---

1 Die Schüler müssen Abfall und Papier auf den Boden werfen.
2 Es ist verboten, sich in den Pausen auf dem Hof oder in der Aula aufzuhalten.
3 Zum Ballspielen müssen die Schüler den Hof benutzen.
4 Es ist verboten, die Fahrräder im Fahrradhof abzustellen.
5 Schüler unter 16 dürfen auf dem Schulgelände rauchen.
6 Es ist erlaubt, Messer mit zur Schule zu bringen.

9 Deine Schulordnung

Was ist an deiner Schule erlaubt, und was ist verboten? Schreib Sätze!

Beispiel: *Rauchen ist für Schüler über 16 erlaubt. Es ist verboten, Messer mitzubringen.*

10 Schulordnung-Umfrage

a Mach eine Umfrage in der Klasse!

- Wie findest du unsere Schulordnung?
- Was findest du richtig?
- Was findest du falsch?

b **Gruppenarbeit**. Arbeitet in Gruppen von vier oder fünf Personen! Schreibt eine neue/bessere Schulordnung mit den Informationen von **a**!

11 Strafen in der Schule

a Lies die Sätze! Was ist verboten – und was ist Strafe?

Beispiel: 1 = *Strafe*, 2 = *verboten*

1 nach der Schule nachsitzen
2 einen Mitschüler bestehlen
3 den Hof aufräumen
4 den Unterricht schwänzen
5 eine Verwarnung bekommen
6 aus dem Unterricht rausfliegen
7 sich auf dem Hof prügeln
8 von einem Mitschüler abschreiben
9 im Unterricht Quatsch machen
10 eine Strafarbeit bekommen

b Was für Strafen gibt es an deiner Schule? Schreib Sätze!

Beispiel: *Wenn ich einen Mitschüler bestehle, bekomme ich eine Verwarnung.*

12 Wie ist es in England?

Schreib einen Artikel für die Schülerzeitschrift deines Brieffreundes/deiner Brieffreundin, in dem du Schule in England und Schule in Deutschland vergleichst! Wähle mindestens vier Punkte und schreib auch: wo gefällt es dir besser? Warum?

- ein typischer Schultag
- Lehrer
- Essen in der Schule
- Schuluniform
- Rauchen
- Schulordnung
- andere Unterschiede

31 Arbeitspraktikum ● ● ● ● ● ● ● ● ● ● ● ● ● ●

❶ Das ideale Arbeitspraktikum

 a Hör zu und wähle das passende Bild zu den drei Jugendlichen!

| Yvonne | Lutz | Claudia |

b Wähle das ideale Arbeitspraktikum für dich! Erkläre deine Wahl!

Beispiel: *Ich bin kontaktfreudig, und ich arbeite gern mit anderen Menschen. Ich wähle Bild **e**.*

> Ich bin kontaktfreudig/praktisch/diszipliniert/fleißig.
> Ich mag den Kontakt mit Menschen/Kindern/Tieren.
> Ich interessiere mich für Kinder/Tiere/Computer/die Natur/Sprachen.
> Ich möchte (nicht) im Büro/im Freien/mit Kindern/Tieren arbeiten.

❷ Beim Berufsberater

 Hör zu und beantworte die Fragen in ganzen Sätzen!

1 Wann möchte Jens ein Praktikum machen?
2 Wie alt ist er?
3 Wo wohnt er?
4 Wie ist seine Telefonnummer?

5 Was sind seine Lieblingsfächer?
6 Welche Fächer mag er nicht?
7 Welche Interessen hat er?
8 Was für ein Mensch ist er?

❸ Partnerarbeit

Ihr möchtet ein Arbeitspraktikum in den nächsten Sommerferien machen. **A** ist der Berufsberater. **B** antwortet. Dann ist **B** dran. Stellt folgende Fragen!

- Wie heißt du?
- Wie alt bist du?
- Wo wohnst du?
- Wie ist deine Telefonnummer?
- Wann möchtest du ein Praktikum machen?
- Was sind deine Lieblingsfächer?
- Welche Fächer magst du nicht?
- Welche Interessen hast du?
- Was für ein Mensch bist du?

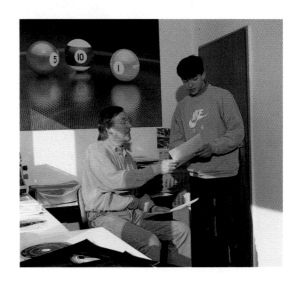

❹ Schüler für Praktikum gesucht!

a Lies die Anzeigen unten! Lies dann die Aussagen rechts und wähle das passende Praktikum!

1

> **GESUCHT!**
> **KELLNER/KELLNERIN**
>
> 16-25 Jahre
> für amerikanische
> Hamburgerbar in München
> **DIXIE'S**
> Stauffenstr. 56, 85409 München
> Tel. 984581
> (Herr Pauser)

2

> **WIR SUCHEN**
> nettes Mädchen/netten Jungen (über 18)
> als Au-pair für unsere zwei Kinder
> (4 und 7 Jahre alt) für Juli und August.
> Bitte melden bei: Annegret Richter
> Mühlenhang 3
> 88693 München
> Tel. 954385

3

> **FREMDENVERKEHRSAMT MÜNCHEN-MITTE**
> **SUCHT AUSHILFE FÜR DEN SOMMER**
> (Juni-September)
> Montags bis sonnabends
> Perfekte Englischkenntnisse und Freude am
> Umgang mit Kunden erwünscht.
> Anfragen an Frau Erlang, Kaiserring 45,
> 80070 München, Tel. 895411

4

> Interessieren Sie sich für Computer?
> Kennen Sie sich mit Windows 95 und
> Word Excel aus?
> Computerfirma sucht Schüler und
> Studenten für leichte Bürotätigkeit
> (Telefondienst) und Arbeit am
> Computer.
> Compuworks, Flughafenstr. 338, 89432
> Pasing b. München (Herr Dr.
> Schneider)

a Ich kann sehr gut mit Menschen umgehen und bin sehr kontaktfreudig.

b In den Ferien helfe ich oft meinen Eltern im Restaurant.

c Ich bin absoluter Informatikfan und tüftele gern an Programmen.

d Ich habe vier jüngere Geschwister, auf die ich oft aufpasse.

b Lies die Anzeigen noch einmal! Lies dann die Sätze! Sie sind alle falsch. Korrigiere sie!

1 Im Dixie's können junge Leute ab 15 Jahren arbeiten.
2 Dixie's ist ein Hamburgerlokal in den USA.
3 Annegret Richter sucht ein Au-pair-Mädchen und einen Au-pair-Jungen.
4 Die Au-pair-Stelle ist für den Winter.
5 Das Fremdenverkehrsamt hat eine freie Lehrstelle.
6 Das Verkehrsamt sucht jemanden, der gut Deutsch spricht.
7 Compuworks sucht Computerverkäufer.
8 Wer Interesse hat, soll sich bei Word Excel melden.

c Lies den Bewerbungsbrief an das Fremdenverkehrsamt (sieh Anzeige 3 von **a**) und ergänze die Lücken!

> Sehr _____ Frau Erlang,
>
> ich möchte gern im Sommer ein _____
> in _____ machen. Ich habe Ihre Anzeige
> für eine _____ im _____ gelesen.
> Ich _____ mich sehr für diese Stelle,
> weil ich sehr gut _____ spreche. Ich
> bin auch sehr _____ und arbeite gern
> mit anderen _____. Ich bin 16
> alt. Meine _____ sind Fremdsprachen und
> Sport.
>
> Mit freundlichen _____,
>
> *Sarah Keller*

d Wähle eine andere Anzeige von **a** und schreib deinen eigenen Bewerbungsbrief!

Wie war dein Praktikum? •••••••••••••••••••••••

⑤ Hat dir die Arbeit gefallen?

 Hör zu! Was war positiv, und was war negativ?
Mach Notizen!

positiv	negativ

Das Praktikum war (sehr) interessant/aufregend/langweilig/anstrengend/stressig.
Ich habe in einem Büro/in einer Firma/im Freien/mit Kindern/Tieren gearbeitet.

Ich konnte	selbständig/mit dem Computer arbeiten. Deutsch/Französisch sprechen.

Ich habe viel/wenig/nichts gelernt.

⑥ Partnerarbeit

A hat ein Arbeitspraktikum gemacht. **B** stellt Fragen. Dann ist **B** dran.

Beispiel: **A** *Wo hast du ein Praktikum gemacht?*
B *Ich habe ein Praktikum in einem Hotel gemacht.*
A *Was hast du gemacht?*
B *Ich habe Telefondienst gemacht, und ich habe Rechnungen getippt.*
A *Was hat dir gefallen?*
B *Der Kontakt zu den Gästen hat mir gefallen.*
A *Was hat dir nicht gefallen?*
B *Daß ich nicht selbständig arbeiten konnte.*

7 Au-pair-Jungen

Lies den Artikel und beantworte die Fragen in ganzen Sätzen!

Au-pair-Jungen Seit dem Ende des Zweiten Weltkrieges arbeiten junge Mädchen als Au-pair-Mädchen im In- und Ausland. Sie kümmern sich um Haushalt und Kinder einer Gastfamilie. Dafür erhalten sie Taschengeld. Der einjährige Aufenthalt gibt ihnen die Chance, die Sprache des Gastlandes zu lernen. In München bewarb sich vor sieben Jahren zum ersten Mal ein Junge, ein Amerikaner, um eine solche Stelle. Neuerdings möchten immer mehr junge Männer in einem fremden Haushalt arbeiten, um eine andere Sprache lernen zu können. Oft ist es schwierig, Jungen in dem traditionellen Mädchenjob unterzubringen. Noch wollen viele Familien lieber Mädchen haben. Doch es gibt auch Familien, die gerne einen Au-pair-Jungen nehmen. Gerade in Familien mit Söhnen im Alter zwischen 8 bis 12 Jahren, die gerne streiten und kämpfen, sind Mädchen oft überfordert. Da reagiert ein Junge häufig besser. Und auch Jungen lernen schnell, wie man Babys füttert und Windeln wechselt!

Illustration: Ofczarek

1 Was gibt es seit über 50 Jahren?
2 Was sind ihre Aufgaben?
3 Wer bewarb sich vor sieben Jahren in München?
4 Was möchten immer mehr junge Männer?
5 Warum?
6 Warum ist das oft schwierig?
7 Wer nimmt gerne Au-pair-Jungen?
8 Warum?
9 Was lernen auch Au-pair-Jungen schnell?

8 Das ist nichts für Mädchen/Jungen!

Mach eine Umfrage in der Klasse! 'Stimmen diese Aussagen – ja oder nein?'

Jungen können besser mit Computern arbeiten.

Mädchen interessieren sich nicht für Technik.

Jungen können nicht auf Kinder aufpassen.

Mädchen können keine schweren Arbeiten machen.

32 Die Zukunft ....

❶ Pläne für die Zukunft

 a Hör zu und wähle die passenden Bilder zu den Interviews!

a

b

b Hör noch einmal zu! Beantworte die
Fragen in ganzen Sätzen!

Pit
1 Was möchte Pit machen, wenn er 16 ist?
2 Warum findet er die Schule langweilig?
3 Was hofft er zu machen?

Ute
1 Was möchte Ute später machen?
2 Was ist das Problem?
3 Was würde sie sonst machen?

Lutz
1 Was ist für Lutz sehr wichtig?
2 Was möchte er nicht machen?
3 Wie stellt er sich die Zukunft vor?

c

| Ich möchte | später | studieren/eine Lehre machen. |
| | in ein oder zwei Jahren | meine GCSE/A Level-Prüfung machen. |

| Ich würde gern | mit 16/17/18 | die Schule verlassen/Abitur machen. |
| | nach dem Abitur | heiraten/Familie haben. |

Ich habe vor,	eine Lehrstelle/einen Studienplatz zu finden.
Ich hoffe,	Karriere zu machen/viel Geld zu verdienen.
Ich denke daran,	herumzureisen/ein Jahr durch Europa zu trampen.

2 Umfrage .

a Mach eine Umfrage in der Klasse! Stell folgende Fragen!

- Wer möchte später studieren?
- Wer möchte später eine Lehre machen?
- Wer möchte später Karriere machen/viel Geld verdienen?
- Wer möchte später heiraten/eine Familie haben?
- Wer weiß noch nicht, was sie/er später machen will?

b Schreib die Resultate für deinen Brieffreund/deine Brieffreundin auf!

Beispiel: *10 Schülerinnen und Schüler möchten später studieren.*

3 Partnerarbeit

Was möchtet ihr später machen? **A** stellt Fragen. **B** antwortet.

Beispiel: **A** *Was möchtest du gern mit 16 machen?*
B *Ich möchte meine GCSE-Prüfung machen.*
A *Und was möchtest du in zwei oder drei Jahren machen?*
B *Ich hoffe, meine A Level-Prüfung zu machen.*
A *Und danach?*
B *Ich würde gern studieren.*

Dann ist **B** dran.

4 'No Future'-Generation

 Hör zu und lies die Sätze! Sind sie richtig oder falsch? Korrigiere die falschen Sätze!

1 Was ist die 'No Future'-Generation?
2 Seit wann ist Molle in Ostberlin?
3 Wovon träumte er mit 16?
4 Was ist passiert?
5 Was hat Molle dann gemacht?
6 Was hat er mit 17 gemacht?
7 Was macht er nun?
8 Wie sieht er seine Zukunft?

5 Du bist dran

Mach eine Tonbandaufnahme! Beschreib deine Pläne und Hoffnungen für die Zukunft! Die Sätze im Hilfe-Kasten auf Seite 164 helfen dir.

Im Berufsleben •

6 Berufe, Berufe, Berufe…

a Hör zu und mach Notizen!

	Monika Pfeiffer	Ullrich König	Annemarie May
Alter:			
Beruf:			
Wo?			
Seit wann?			
Wie lange jeden Tag?			
Macht was?			
Gefällt ihr/ihm der Beruf?			

1

2

b **Partnerarbeit.** **A** ist Frau Pfeiffer, Herr König oder Frau May. **B** stellt Fragen.

- Wie heißen Sie?
- Wie alt sind Sie?
- Was sind Sie von Beruf?
- Wo arbeiten Sie?
- Seit wann arbeiten Sie dort?
- Wie lange arbeiten Sie jeden Tag?
- Was machen Sie?
- Gefällt Ihnen Ihr Beruf?

Dann ist **B** dran.

3

7 Noch mehr Berufe!

Wähle einen anderen Beruf (zum Beispiel den deiner Mutter/deines Vaters) und beschreib diesen Beruf! Die Fragen von **Übung 6** helfen dir.

Beispiel: *Meine Mutter ist Verkäuferin von Beruf.*
Sie arbeitet in einem Supermarkt…

8 Ein Lebenslauf

a Hör zu! Lies dann den Lebenslauf rechts! Es gibt fünf Fehler. Korrigiere sie!

b Schreib deinen eigenen Lebenslauf!

c **Partnerarbeit**. **A** hat den Lebenslauf von **B** und stellt Fragen. **B** antwortet in ganzen Sätzen. Dann ist **B** dran.

Beispiel: **A** *Wie ist dein Name?*
   B *Ich heiße…*

d Lies Jessicas Lebenslauf! Schreib einen ähnlichen Lebenslauf für dich!

LEBENSLAUF

Name: Thomas Lüttich
Alter: 18
Geburtsdatum: 13.8.1979
Geburtsort: Bremen
Staatsangehörigkeit: deutsch
Vater: Klaus Lüttich (Polizist)
Mutter: Louise Lüttich (Hausfrau)
Geschwister: zwei Schwestern
Adresse: Wasserweg 12, 28777 Bremen
Telefonnummer: 0421 / 602031
Schulbildung: 1985 - 1990: Grundschule in Bremen. Seit 1990: Reuter-Gymnasium Bremen
Qualifikationen: Abitur
Hobbys: Computer, Lesen
Berufswunsch: Informatiker

LEBENSLAUF

Ich heiße Jessica Chadwick, und ich bin am 25. April 1980 in Birmingham geboren. Meine Staatsangehörigkeit ist englisch. Mein Vater James Chadwick ist Lehrer von Beruf. Meine Mutter Lucy ist Krankenschwester. Ich habe einen Bruder und eine Schwester. Zur Zeit wohne ich in Cottenham in der Grafschaft Cambridgeshire. Meine Adresse ist Rose Cottage, Grantham Road, Cottenham, Cambridgeshire. Die Telefonnummer ist 01596 652 5358. Von 1985 bis 1990 besuchte ich eine Grundschule in Birmingham. Seit 1990 besuche ich die Fordham School in Cambridge. Das ist eine Gesamtschule. Ich mache gerade meine GCSE-Prüfung in den Fächern Deutsch, Englisch, Geschichte, Mathematik, Biologie und Erdkunde. Meine Hobbys sind Reiten und Schwimmen. Ich lese auch gern, und ich spiele Klavier. Letztes Jahr habe ich einen zweiwöchigen Austausch mit einer deutschen Schülerin gemacht. Mein Berufswunsch ist Deutschlehrerin, da ich mich sehr für Deutschland und die Sprache interessiere.

Jessica Chadwick

Grammatik 4b ●●●●●●●●●●●●●●●●●●●

❶ Die Umweltschutzgruppe

Wähle die passenden Wörter zu den Sätzen!

1 Ich bin in einer Gruppe, (die/der) die Umwelt schützt.

2 Wir helfen Tieren, (das/die) vom Aussterben bedroht sind.

3 Wir recyceln den Müll, (den/der) unsere Schule produziert.

4 In den gelben Sack kommt Metall, (das/die) wir wiederverwerten können.

5 Wir kaufen nur Papier, (der/das) umweltfreundlich ist.

6 Wir protestieren gegen Autos, (das/die) unsere Luft verpesten.

7 Wir informieren über den sauren Regen, (der/die) auf die Bäume fällt.

8 Wir sind stolz auf unseren Schulgarten, (das/der) ökofreundlich ist.

❷ Wir kochen vegetarisch!

Ergänze die Lücken mit den Artikeln unten!

1 Wo ist das Gemüse, _____ ich vorhin gekauft habe?

2 Dort drüben ist der Reis, _____ Jan so gerne mag.

3 Gib mir bitte den Salat, _____ im Kühlschrank ist!

4 Wo sind die Tomaten, _____ Ulla mitgebracht hat?

5 Der Käse, _____ Julia gekauft hat, ist auf dem Regal.

6 Kannst du mir die Eier geben, _____ du mitgebracht hast?

7 Ich suche das Brot, _____ im Brotkasten war!

8 Wo ist das Kochrezept, _____ wir ausprobieren wollen?

den das die das der das die den

❸ Pläne für die Zukunft

Schreib Sätze mit *werden*!

Beispiel: 1 *Ich werde Medizin studieren.*

1 Ich studiere Medizin.

2 Ich arbeite danach als Arzt in Afrika.

3 Sandra macht eine Lehre.

4 Du trampst ein Jahr durch Europa.

5 Tom und Ina verdienen viel Geld.

6 Wir gründen eine Popgruppe.

7 Phillip heiratet ein Fotomodell.

8 Ute gewinnt eine Million im Lotto.

4 Was würdest du mit deinem Geld machen?

Schreib Sätze mit *würde*!

> Stell dir vor, du würdest viel Geld verdienen!
> Was würdest du damit machen?

Beispiel: 1 Ich würde eine Weltreise machen.

1 Ich mache eine Weltreise.
2 Ich kaufe einen Computer.
3 Ich gehe jeden Tag ins Restaurant.
4 Ich wohne in einer schönen Wohnung.
5 Ich mache jedes Wochenende eine Party.
6 Ich trage die neueste Mode.
7 Ich kaufe jeden Tag 10 neue CDs.
8 Ich spare jeden Monat 1000 Mark.

5 Was paßt wozu?

Wähle die passenden Konditionalformen rechts zu den Infinitiven links!

1	sein	a	ich dürfte
2	müssen	b	ich sollte
3	haben	c	ich wäre
4	können	d	ich wollte
5	dürfen	e	ich hätte
6	wollen	f	ich müßte
7	sollen	g	ich könnte

6 Wenn ich reich wäre…

Schreib Sätze mit *wenn*!

Beispiel: 1 *Wenn ich reich wäre, würde ich nicht arbeiten.*

1 reich sein/nicht arbeiten
2 Millionär sein/in einem Schloß wohnen
3 ein Praktikum machen können/glücklich sein
4 mehr Zeit haben/in den Ferien arbeiten
5 extra Geld verdienen müssen/Zeitungen austragen
6 Abitur machen wollen/mehr lernen

❶ Sind Mädchen dümmer?

Lies den Artikel und wähle
die passenden Definitionen!
(Benutz dein Wörterbuch
wenn nötig!)

Sind Mädchen dümmer?

***Wenn's um Noten geht, haben
Jungs in den Fächern Mathe,
Physik und Chemie meistens
die Nase vorn!***

Ob Boys deshalb auch klüger sind, wollten Wissenschaftler jetzt
herausfinden. Dabei stellten sie fest: Im Unterricht werden die
Jungs sehr oft von den Lehrern bevorzugt – sie bekommen
58% der Aufmerksamkeit des Lehrers, Mädchen nur 38%!
«Gerade in den naturwissenschaftlichen Fächern
machen die Jungs die Mädchen oft nieder»,
beobachtete die Lehrerin Christin Grohn-
Menard. «Und das schlägt sich in den Noten
nieder, die Mädchen sind schlechter», fand
Elisabeth Frank, Physiklehrerin aus Stuttgart,
bei der Notenauswertung von 2000 Schülern
heraus. Deshalb wird der Ruf nach getrenntem
Unterricht immer lauter. In Baden-Württemberg
gab es schon einen Versuch: Zwei Jahre lang
wurden in einigen Klassen Jungs und Mädchen im
Fach Physik getrennt. Ergebnis: Die Mädchen aus der
reinen Mädchenklasse hatten doppelt so häufig eine Eins wie
diejenigen aus der gemischten Klasse.

1 'Die Nase vorn haben' bedeutet
   a besser sein.
   b schlechter sein.
2 'Jemanden bevorzugen' heißt
   a jemanden nach vorne setzen.
   b jemanden mehr beachten.
3 Die Jungen 'machen die Mädchen nieder'
   bedeutet:
   a die Jungen lassen die Mädchen nicht
   ausreden.
   b die Jungen sind sehr nett zu den
   Mädchen.
4 'Das schlägt sich in den Noten nieder'
   heißt:
   a die Noten sind schlechter.
   b die Noten zeigen das.
5 'Getrennter Unterricht' bedeutet:
   a es gibt Mädchen- und Jungenklassen.
   b Mädchen und Jungen sitzen an
   verschiedenen Tischen.

❷ Richtig oder falsch?

Lies den Artikel nochmal! Lies die Sätze!
Sind sie richtig oder falsch? Korrigiere die
falschen Sätze!

1 Jungen haben bessere Noten in den
   Naturwissenschaften.
2 Jungen sind klüger als Mädchen.
3 Mädchen bekommen in den
   Naturwissenschaften mehr
   Aufmerksamkeit als Jungen.
4 Mädchen haben in diesen Fächern
   schlechtere Noten, weil sie dümmer sind.
5 In einem Versuch hat man Jungen und
   Mädchen in Physik getrennt unterrichtet.
6 In den Mädchenklassen hatten mehr
   Mädchen eine Eins als in den
   Jungenklassen.

Boys & Girls getrennt unterrichten?

«Ich bin nicht nur für getrennten Unterricht, ich bin für reine Mädchen-

Heike, 18

schulen! Denn auf einer Mädchenschule wird das Selbstbewußtsein gestärkt! Unter Mädchen kann man sich entwickeln, ohne Jungs beeindrucken zu müssen. Das Vorurteil, Mädchen von gemischten Schulen können besser mit Jungs umgehen, ist völlig falsch!»

«In Physik würde ich gerne auf die Jungs verzichten!

Gloria, 16

Denn da merkt man sehr wohl, daß Jungs viel leichter verstehen als wir Mädchen. In den anderen Fächern ist es mit Jungs aber viel interessanter!»

«Ich bin gern auf meiner Mädchen- schule. Aber zusammen

Kinga, 15

mit Jungs wäre es doch viel interessanter! Ich bin in einem Internat und habe nur zwei Freunde, der Rest sind Freundinnen. Zwar werde ich hier selbst- bewußter, aber ich bin verklemmt, wenn ich einen Jungen kennenlerne. Früher, als ich noch in eine gemischte Schule ging, war ich nicht so schüchtern.»

«Bei den Noten kann ich in meiner Klasse keine

Andreas, 15 großen

Unterschiede zwischen den Geschlechtern erkennen. Nur mit Jungs möchte ich nicht in die Schule gehen!»

❸ Getrennter Unterricht – ja oder nein?

Wähle die passenden Sätze zu den Meinungen!

Beispiel: 1 = *Gloria.*

1   In einigen Fächern ist es ohne Jungen besser – in anderen aber uninteressanter.

2   In meiner Klasse haben Mädchen und Jungen die gleichen guten Noten.

3   Ich bin auf einer Mädchenschule, aber Unterricht mit Jungen wäre interessanter!

4   Mädchenschulen sind das Allerbeste für Mädchen!

❹ Was meinen sie?

Ergänze die Lücken! Die Wörter im Kasten helfen dir.

1   Heike findet: auf Mädchenschulen sind Mädchen _____. Es stimmt nicht, daß diese _____ nicht den 'normalen' Umgang mit Jungen lernen.

2   Gloria findet getrennte Klassen gut – aber nur in _____. In anderen Fächern ist der Unterricht mit Jungen _____.

3   In Andreas Klasse gibt es keine Unterschiede: die Mädchen sind nicht _____ als die Jungen. Er möchte nicht gern auf eine _____ gehen.

4   Kinga geht auf eine _____. Sie ist in der Schule zwar sehr selbstbewußt, aber sie hat wenig Kontakt zu _____ und ist oft _____, wenn sie sie kennenlernt.

schüchtern   Jungenschule   selbstbewußter
Physik   Mädchenschule   Jungen   schlechter
interessanter   Mädchen

❺ Du bist dran!

Bist du für oder gegen getrennten Unterricht? Was sind die Vorteile – und was sind die Nachteile? Schreib einen Brief an die Magazin-Redaktion!

Projekt 4 ·····························

Umweltschutz an eurer Schule!

Das Szenario

Macht eine Umweltinitiative an eurer Schule! Teilt die Klasse in vier oder fünf Gruppen auf! Jede Gruppe sammelt Informationen.

● Gruppe 1: Was ist umweltfreundlich? Was ist umweltfeindlich? Welche Produkte sind umweltfreundlich – und welche sind umweltfeindlich? Warum sind diese Produkte umweltfreundlich/umweltfeindlich?

● Gruppe 2: Recycling. Welchen Müll kann man recyceln? In welche Container kommt dieser Abfall? Wie kann man zuviel Müll vermeiden? Welche Produkte soll man kaufen/nicht kaufen?

● Gruppe 3: Umweltprobleme in unserem Land. Wo gibt es bei euch Umweltverschmutzung? Wo ist die Umweltverschmutzung besonders groß – und warum? Wo wird etwas für die Umwelt getan – und was?

● Gruppe 4: Rettet die Natur und die Tiere! Was kann man praktisch tun, um die Natur zu retten? Welche Tierarten sind vom Aussterben bedroht – und warum?

● Gruppe 5: Umweltschutz in der Schule. Wie kann man die Umwelt in der Schule schützen? Was sollte man vermeiden – und was sollte man tun? Welche Aktionen kann man machen?

Ihr könnt eure Projekte auch mit Fotos oder Zeichnungen illustrieren.

Danach können alle Gruppen ihre Umweltschutzinitiativen der Klasse (und vielleicht der Schule!) vorstellen.

Euer Ziel: Ihr sollt die anderen Gruppen davon überzeugen, daß eure Umweltinitiative die beste ist.

Nachdem alle Gruppen ihr Projekt vorgestellt haben, wählt jede/jeder die Umweltinitiative, die ihr/ihm am besten gefallen hat.

Grammatik ....

Nouns

A noun names a person, animal or object. All nouns in German start with a capital letter.

1 Gender of nouns

Every German noun belongs to one of three gender groups: masculine (*m.*), feminine (*f.*) or neuter (*n.*). The definite and indefinite articles (the words for *the* and *a(n)*) depend on which gender the noun belongs to:

masculine	der/ein Lehrer	*the/a teacher*
feminine	die/eine Schülerin	*the/a female pupil*
neuter	das/ein Klassenzimmer	*the/a classroom*

2 Plural of nouns

The plural form for **der**, **die**, **das** is always **die**. In German plurals vary a lot, and it is best to learn each noun along with its gender and its plural form.

Cases

Nouns are used in four cases in German: nominative, accusative, dative and genitive. The cases indicate the part the noun plays in the sentence.

3 The nominative case

The nominative case is used for the subject of the sentence (the person or thing doing the action described by the verb):

Der Schüler lacht.   *The student laughs.*

4 The accusative case

a The accusative case is used for the direct object of the sentence (the person or thing affected by the action of the verb):

Ich sehe **den** Schüler.   *I see the student.*

b The accusative case is also used after certain prepositions (see page 179).

5 The dative case

a The dative case is used for the indirect object (the person or thing to whom something is given, offered, etc.):

Die Lehrerin gibt **dem** Schüler das Heft.
The teacher gives the exercise book to the student.
Or   *The teacher gives the student the exercise book.*

The English equivalent of the indirect object is *to ...* but this idea is often hidden in English.

b In the plural, **die** changes to **den**, and **-(e)n** is added to the end of the noun unless it already ends in **-n**:

Die Lehrerin gibt **den** Schüler**n** die Hefte.
The teacher gives the students the exercise books.

c A list of common verbs followed by the dative includes:

erklären (*to explain*)
erzählen (*to tell*)
geben (*to give*)
sagen (*to say*)
schenken (*to give*)
zeigen (*to show*)

d The dative case is also used after certain prepositions (see page 179).

6 The genitive case

a The genitive case is used to show possession. The English equivalent is *of ...* or *'s*:

Das ist das Fahrrad **des** Schüler**s**.
That is the student's bicycle.
Or *That is the bicycle of the student.*

b Masculine and neuter nouns sometimes add an extra **-(e)-** before the final **-s** in the genitive:

Das ist das Fahrrad **des** Kind**es**.
That is the child's bicycle.

7 The definite and indefinite articles

Here is a complete list of definite and indefinite articles in the four cases:

	nominative	*accusative*	*dative*	*genitive*
m.	der/ein	den/einen	dem/einem	des/eines
f.	die/eine	die/eine	der/einer	der/einer
n.	das/ein	das/ein	dem/einem	des/eines
pl.	die	die	den	der

8 Weak nouns

A small group of masculine nouns are known as weak nouns. They always add an **-(e)n** ending in the accusative, dative, genitive and plural forms:

	nominative	*accusative*	*dative*	*genitive*
sing.	der Junge	den Jungen	dem Jungen	des Jungen
pl.	die Jungen	die Jungen	den Jungen	der Jungen

Pronouns

a Pronouns are words used instead of a noun (like *he*, *we* in English). Like the definite and indefinite articles, the forms of pronouns change according to their function in a sentence.

nominative	*accusative*	*dative*
ich (*I*)	mich	mir
du (*you*)	dich	dir
er/sie/es (*he/she/it*)	ihn/sie/es	ihm/ihr/ihm
man (*one*)	einen	einem
wir (*we*)	uns	uns
ihr (*you*)	euch	euch
sie (*they*)	sie	ihnen
Sie (*you*)	Sie	Ihnen

b The pronoun **sie** can have different meanings: *she* or *they*.

c **Sie** is the polite form of *you* when talking to strangers, adults and in formal or business situations.

d **Du** and its plural form **ihr** are the informal ways of saying *you* and are used for addressing friends, family members, children and animals.

e **Man** is often used in German and can mean *one*, *you*, *they* or *we*.

f In letters, pronouns always start with a capital letter.

Wie geht es Dir?   *How are you?*

Adjectives

Adjectives are used to describe nouns. When the adjective stands on its own it has no ending:

Der Pullover ist alt.   *The jumper is old.*

However, when the adjective stands in front of a noun it adds an ending:

Das ist ein alt**er** Pullover.   *That's an old jumper.*

Adjective endings change depending on which case is used.

9 Adjective endings after the definite article

	masculine	feminine	neuter	plural
nom.	der klein**e** Hund	die alt**e** Frau	das neu**e** Auto	die rot**en** Hosen
acc.	den klein**en** Hund	die alt**e** Frau	das neu**e** Auto	die rot**en** Hosen
dat.	dem klein**en** Hund	der alt**en** Frau	dem neu**en** Auto	den rot**en** Hosen
gen.	des klein**en** Hundes	der alt**en** Frau	des neu**en** Autos	der rot**en** Hosen

10 Adjective endings after the indefinite article

	masculine	feminine	neuter	plural
nom.	ein klein**er** Hund	eine alt**e** Frau	ein neu**es** Auto	rot**e** Hosen
acc.	einen klein**en** Hund	eine alt**e** Frau	ein neu**es** Auto	rot**e** Hosen
dat.	einem klein**en** Hund	einer alt**en** Frau	einem neu**en** Auto	rot**en** Hosen
gen.	eines klein**en** Hundes	einer alt**en** Frau	eines neu**en** Autos	rot**er** Hosen

11 Adjective endings without an article

	masculine	feminine	neuter	plural
nom.	gut**er** Wein	gut**e** Wurst	gut**es** Brot	gut**e** Nudeln
acc.	gut**en** Wein	gut**e** Wurst	gut**es** Brot	gut**e** Nudeln
dat.	gut**em** Wein	gut**er** Wurst	gut**em** Brot	gut**en** Nudeln
gen.	gut**en** Weines	gut**er** Wurst	gut**en** Brotes	gut**er** Nudeln

12 Possessive adjectives

Possessive adjectives show possession:

mein	*my*	unser	*our*
dein	*your*	euer	*your*
sein	*his*	ihr	*their*
ihr	*her*	Ihr	*your*
sein	*its*		

Possessive adjectives follow the pattern of **ein, eine, ein** (see page 175).

	masculine	*feminine*	*neuter*	*plural*
nom.	mein Sohn	meine Tochter	mein Kind	meine Söhne, Töchter, Kinder
acc.	mein**en** Sohn	meine Tochter	mein Kind	meine Söhne, Töchter, Kinder
dat.	mein**em** Sohn	mein**er** Tochter	mein**em** Kind	mein**en** Söhnen, Töchtern, Kindern
gen.	mein**es** Sohnes	mein**er** Tochter	mein**es** Kindes	mein**er** Söhne, Töchter, Kinder

13 Comparative and superlative of adjectives

a Adjectives are also used to compare people or things.

Tim ist **älter** als Tobias.   *Tim is older than Tobias.*
Aber Jan ist **am ältesten**.   *But Jan is the eldest.*

adjective	*comparative*	*superlative*
neu	neuer	am neuesten
klein	kleiner	am kleinsten
schön	schöner	am schönsten
alt	älter	am ältesten
groß	größer	am größten
billig	billiger	am billigsten

b Some vowels take an extra umlaut in the comparative and superlative forms. There are also some completely irregular forms:

adjective	*comparative*	*superlative*
gern (*gladly*)	lieber	am liebsten
gut (*well*)	besser	am besten
viel (*much*)	mehr	am meisten

c When comparative and superlative adjectives are used before a noun, they take the same endings as all other adjectives (see page 177):

das billiger**e** T-Shirt   *the cheaper T-shirt*
das billigst**e** T-Shirt   *the cheapest T-shirt*

Prepositions

A preposition is a word like *at* or *on* which stands in front of a noun or pronoun and links it to the rest of the sentence:

Ich gehe **in** das Haus.   *I'm going into the house.*
Das Buch liegt **auf** dem Tisch.   *The book is on the table.*

In German prepositions are always followed by the accusative, dative or genitive case.

14 Prepositions followed by the accusative case

The following prepositions are *always* followed by the accusative case:

bis	*until*
durch	*through*
für	*for*
gegen	*against*
ohne	*without*
um	*around*

Das ist ein Geschenk **für meine** Freundin.
That's a present for my friend.

Die Schule ist hier **um die** Ecke.
The school is just around the corner.

15 Prepositions followed by the dative case

a The following prepositions are *always* followed by the dative case:

aus	*from, out of*
bei	*at*
gegenüber	*opposite*
mit	*with*
nach	*after, to*
seit	*since*
von	*from, of*
zu	*to*

Er kommt **aus de**r Schweiz.
He comes from Switzerland.

Ich gehe **mit meinem** Freund in die Stadt.
I'm going into town with my friend.

b Note these shortened forms:

zu dem	→	zum
zu de**r**	→	zur
bei dem	→	beim
von dem	→	vom

16 Prepositions followed by the accusative or the dative case

Some prepositions are sometimes followed by the accusative and sometimes by the dative case. When followed by the dative they tell you where someone or something is. When followed by the accusative they tell you where someone or something is going or moving to:

Ich bin **in der** Stadt. *I'm in town.*
Ich fahre **in die** Stadt. *I'm going into town.*

Here is a list of these prepositions:

preposition	*meaning with dat.*	*meaning with acc.*
an	*at, on*	*up to, over to*
auf	*on*	*onto*
in	*in*	*into*
hinter	*behind*	*(go) behind*
neben	*near, next to*	*(go) beside, next to*
über	*above, over*	*(go) over, across*
unter	*under*	*(go) under*
vor	*in front of*	*(go) before*
zwischen	*between*	*(go) between*

Note these shortened forms:

an dem	→	am
an das	→	ans
in dem	→	im
in das	→	ins

Verbs

A verb expresses an action or a state:

Ich **spiele** Tennis.   *I am playing tennis.*
Ich **bin** zu Hause.   *I am at home.*

In dictionaries and word lists, verbs are given in the infinitive form (the *to …* form in English). German infinitive forms always end in **-(e)n**: **spielen** (to play).

The tense is the form of the verb which expresses *when* the action takes place:

Er **schreibt** einen Brief.
He writes/is writing a letter. (present tense)

Er **hat** einen Brief **geschrieben**.
He has written a letter. (past tense)

Er **wird** einen Brief **schreiben**.
He will write a letter. (future tense)

17 The present tense

The present tense describes what someone is doing at the moment. In English there are three ways of expressing the present tense:

I play (every day, often, etc.).
I am playing (now, this morning, etc.).
I do play./Do you play?

In German there is only one equivalent for these three forms: **ich spiele**.

a Present tense of regular (weak) verbs.
Regular or weak verbs all follow this pattern:

Infinitive: **spielen** *to play*
ich spiel**e**
du spiel**st**
er/sie/es/man spiel**t**
wir spiel**en**
ihr spiel**t**
sie/Sie spiel**en**

b Present tense of irregular (strong) verbs.
Irregular (strong) verbs do not follow the above pattern. They change in the present tense in the **du** and **er/sie/es/man** forms as follows:

fahren *to go, drive*		**laufen** *to run*	
ich fahre	wir fahren	ich laufe	wir laufen
du f**ä**hrst	ihr fahrt	du l**äu**fst	ihr lauft
er f**ä**hrt	sie/Sie fahren	er l**äu**ft	sie/Sie laufen

a → ä   au → äu

sehen *to see*		**geben** *to give*	
ich sehe	wir sehen	ich gebe	wir geben
du s**ie**hst	ihr seht	du g**i**bst	ihr gebt
er s**ie**ht	sie/Sie sehen	er g**i**bt	sie/Sie geben

e → ie   e → i

You can find a list of the most common irregular verbs on pages 194–6.

18 Haben and sein

Two of the most important irregular verbs are **haben** (*to have*) and **sein** (*to be*). Their present tense forms are as follows:

	haben	**sein**
ich	habe	bin
du	hast	bist
er/sie/es/man	hat	ist
wir	haben	sind
ihr	habt	seid
sie	haben	sind
Sie	haben	sind

19 Modal verbs

Modal verbs are used together with another verb in the infinitive which goes to the end of the sentence:

Ich **muß** meine Hausaufgaben **machen**.   *I have to do my homework.*
    (modal verb)   (second
                                verb in the
                                infinitive)

Modal verbs are all irregular. Their present tense forms are as follows:

	müssen	**wollen**	**können**	**dürfen**	**sollen**	**mögen**
ich	muß	will	kann	darf	soll	mag
du	mußt	willst	kannst	darfst	sollst	magst
er/sie/es/man	muß	will	kann	darf	soll	mag
wir	müssen	wollen	können	dürfen	sollen	mögen
ihr	müßt	wollt	könnt	dürft	sollt	mögt
sie	müssen	wollen	können	dürfen	sollen	mögen
Sie	müssen	wollen	können	dürfen	sollen	mögen

20 Separable verbs

a Separable verbs consist of a verb and another part or prefix in front which alters the meaning of the verb: **an/kommen**, **um/steigen**. In the present tense the prefix is separated from the verb and goes to the end of the sentence:

Ich **komme** um acht Uhr **an**. *I arrive at eight o'clock.*
Ich **steige** am Marktplatz **um**. *I change at the market place.*

b If a modal verb is used in the same sentence, the separable prefix rejoins the verb and goes to the end of the sentence:

Ich **kann** am Wochenende **ausschlafen**.
I can have a lie in at the weekends.

21 Reflexive verbs

Reflexive verbs are verbs which include the pronoun **sich** in the infinitive form: **sich waschen** (*to wash oneself*). The reflexive pronoun changes according to the form of the verb:

ich wasche **mich** (*I wash myself*)
du wäschst **dich** (*you wash yourself*)
er/sie/es/man wäscht **sich** (*he/she/it/one washes him/her/it/oneself*)
wir waschen **uns** (*we wash ourselves*)
ihr wascht **euch** (*you wash yourselves*)
sie waschen **sich** (*they wash themselves*)
Sie waschen **sich** (*you wash yourself*)

Some German verbs are reflexive where the English forms are not:

Ich **interessiere mich** für Sport. *I am interested in sports.*
Ich **setze mich** auf den Stuhl. *I sit down on the chair.*

22 The perfect tense

The perfect tense is used to describe events that have happened in the past. It consists of two parts: the auxiliary verb **haben** or **sein** and the past participle of a verb, which always goes to the end of the sentence.

a **Haben** is used for most verbs:

Ich **habe** ein Buch **gekauft**. *I have bought a book.*

b Verbs with **sein** are generally used to indicate movement:

Ich **bin** in die Stadt **gegangen**. *I've gone into town.*

c Some verbs can take either **haben** or **sein** depending on the context:

Ich **habe** sein Mofa **gefahren**. *I drove his moped.*
Ich **bin** nach Berlin **gefahren**. *I went to Berlin.*

d Perfect tense of regular (weak) verbs.
To form the past participle of a regular or weak verb, the prefix **ge-** is added to the **er/sie/es/man** form of the verb:

er spielt   **ge**spielt

e Perfect tense of irregular (strong) verbs.
Irregular (strong) verbs do not form the past participle like regular (weak) verbs. All verbs which form the past participle with **sein** are irregular or strong verbs:

gehen   ich bin **gegangen**
fliegen   ich bin **geflogen**

A few irregular or strong verbs form the past participle with **haben**:

sprechen   **gesprochen**

They should all be learned individually. A list of the most common irregular verbs can be found on pages 194–6.

Some verbs drop the **ge-** altogether from the past participle. These include verbs ending in **-ieren** and verbs with inseparable prefixes such as **be-, ent-, zer-, ver-**.

Ich habe **telefoniert**.   *I telephoned.*
Sie hat Tom **besucht**.   *She visited Tom.*
Er hat den Zug **verpaßt**.   *He missed the train.*

f Separable verbs.
In the case of past participles of separable verbs, the prefix rejoins the verb with **-ge-** in the middle:

Der Zug ist um 15 Uhr ab**ge**fahren.   *The train left at 3 o'clock.*

23 The imperfect tense

a The imperfect tense is normally used in written German – articles, stories and reports are usually all in the imperfect tense. Some very common verbs are also almost always used in the imperfect tense. They are **haben**, **sein**, **werden** and the modal verbs:

Ich **hatte** Hunger.   *I was hungry.*
Ich **war** krank.   *I was ill.*
Ich **mußte** meine Hausaufgaben machen.   *I had to do my homework.*

b Imperfect tense of regular (weak) verbs.
Regular or weak verbs form the imperfect tense by adding the following endings to the **er/sie/es/man** present tense form of the verb:

ich spielt**e** (*I played*)
du spielt**est** (*you played*)
er/sie/es/man spielt**e** (*he/she/it/one played*)
wir spielt**en** (*we played*)
ihr spielt**et** (*you played*)
sie/Sie spielt**en** (*they/you played*)

c Imperfect tense of irregular (strong) verbs.
There is no rule for forming the imperfect tense of irregular or strong verbs; they have to be learned individually. You can find a list of all the irregular (weak) verbs on pages 194–6.

d In both weak and strong verbs, the third person (**er/sie/es/man**) form is the same as the **ich** form. The **sie/Sie** form is also always the same as the **wir** form:

tragen *to carry*

ich **trug**	wir **trugen**
du trugst	ihr trugt
er/sie/es/man **trug**	sie/Sie **trugen**

24 The future tense

The future tense describes what is *going* to happen. There are two ways in German of talking about the future:

a The present tense + expression of time.
The present tense used with an expression of time tells us when something is going to happen:

Ich **fahre morgen** nach Berlin.   *I'm going to Berlin tomorrow.*

b The future tense with **werden**.
The true future tense is formed by using the present tense of **werden** plus an infinitive at the end of the sentence:

Ich **werde** nach Berlin **fahren**.   *I will go to Berlin.*

ich werde fahren
du wirst fahren
er/sie/es/man wird fahren
wir werden fahren
ihr werdet fahren
sie/Sie werden fahren

25 The conditional tense

a The conditional tense is used to say what you would do if …

Wenn ich reich **wäre, würde** ich eine Weltreise **machen**.
If I were rich I would go on a world trip.

Wenn ich eine Million Mark **hätte, würde** ich nicht mehr **arbeiten**. *If I had one million marks, I would not work any more.*

b The conditional form is formed as follows:

Wenn ich … wäre, würde ich + infinitive at the end
(*If I were …, I would …*)

Wenn ich … hätte, würde ich + infinitive at the end
(*If I had …, I would …*)

kommen *to come*

ich würde kommen	wir würden kommen
du würdest kommen	ihr würdet kommen
er/sie/es/man würde kommen	sie/Sie würden kommen

c Some commonly occurring expressions used in conditional sentences are as follows:

ich möchte ...	*I would like ...*
ich hätte gern ...	*I'd like ...*
könntest du ...?	*could you ...?*
würdest du ...?	*would you ...?*
wir sollten ...	*we should ...*

26 The pluperfect tense

a The pluperfect tense expresses what *had* already happened in the past:

Ich **hatte** meine Hausaufgaben schon **gemacht**.
I had already done my homework.

Ich **war** schon letztes Jahr in Berlin **gewesen**.
I'd already been to Berlin last year.

The pluperfect form is the same as the perfect form except that the forms of the auxiliary verbs **haben** or **sein** are in the imperfect form:

	haben	sein
ich	hatte	war
du	hattest	warst
er/sie/es/man	hatte	war
wir	hatten	waren
ihr	hattet	wart
sie	hatten	waren
Sie	hatten	waren

27 The passive

The passive describes what is being done to someone or something.

In German the passive is formed by using the verb **werden** (*to become*) with a past participle:

Der Hund **wird gebadet**. *The dog is being bathed.*
Müll **wird recycelt**. *Rubbish is being recycled.*

28 zu + infinitive

Apart from the modal verbs which are followed by the infinitive without **zu**, almost all other verbs or structures which are followed by an infinitive need to add **zu**:

Ich versuche **zu** lernen.
I'm trying to study.

Ich habe keine Lust, in die Stadt **zu** fahren.
I don't feel like going into town.

29 um zu + infinitive

In order to … is expressed in German by **um … zu** + infinitive.
The **um … zu** clause is separated from the main clause by a comma:

Ich lerne, **um** gute Noten **zu** bekommen.
I'm studying in order to get good marks.

Ich gehe in die Stadt, **um** eine CD **zu** kaufen.
I'm going into town in order to buy a CD.

30 lassen + infinitive

a **Lassen** + infinitive means *to get something done*. In the present and imperfect tense **lassen** is regular:

Ich **lasse** meine Hose **reinigen**.
I am having my trousers cleaned.

Ich **ließ** meine Kamera **reparieren**.
I got my camera repaired.

b In the perfect tense, **lassen** is used instead of the normal past participle **gelassen**:

Ich **habe** meine Hose reinigen **lassen**.
I got my trousers cleaned.

Ich **habe** meine Kamera reparieren **lassen**.
I had my camera repaired.

Negatives

31 Nicht

Nicht is usually used to express *not*:

Sie ist **nicht** groß.   *She's not tall.*
Ich gehe **nicht** ins Schwimmbad.   *I'm not going to the pool.*

32 kein/keine

Kein(e) is used with nouns to express *no, not a, not any*. **Kein(e)** follows the pattern of **ein(e)**:

Ich habe **keine** Katze, aber ich habe eine Maus.
I haven't got a cat, but I have got a mouse.

Das ist **kein** Problem!
That's no problem!

33 Nichts

Nichts means *nothing/not anything*:

Ich habe **nichts** gesehen.   *I haven't seen anything.*

Word order

34 Main clauses

a In main clauses the verb is always the second idea. Sometimes it's the actual second word, but not always:

Ich **heiße** Sandra.   *I'm called Sandra.*
(1)   (2)

Mein Bruder hat morgen Geburtstag.   *It's my brother's birthday tomorrow.*
(1)   (2)

b If any other idea in the sentence comes before the verb, the subject of the sentence comes after the verb so that the verb is still the second idea:

Morgen **fahre** ich nach Berlin.   *Tomorrow I'm going to Berlin.*
(1)   (2)

35 Co-ordinating conjunctions

Conjunctions are words which join sentences together. The following conjunctions don't change the word order of the sentence they introduce: **und** (*and*), **denn** (*for, because*), **oder** (*or*), **aber** (*but*), **sondern** (*but*):

Es regnet, **und** es ist kalt.
It's raining and it's cold.

Ich gehe ins Bett, **denn** ich bin müde.
I'm going to bed because I'm tired.

36 Subordinate clauses

a Some conjunctions change the word order of the sentence they introduce – they send the verb to the end:

Ich finde es gut, **daß** wir die Umwelt **schützen**.
I'm pleased that we are protecting the environment.

Ich mag Mathe nicht, **weil** es so langweilig **ist**.
I don't like maths because it's so boring.

b The most common of these conjunctions are:

als	*when* (used to describe past actions)
bevor	*before*
bis	*until*
daß	*that*
nachdem	*after*
ob	*whether*
obwohl	*although*
während	*while*
weil	*because*
wenn	*when/if* (used to describe present and future actions; *whenever*)
wo	*where*

37 Time – manner – place

When sentences include several elements, they must follow the order **Time** (i.e. *when?*), **Manner** (i.e. *how?*), **Place** (i.e. *where (to/from)?*):

Ich fahre	um vier Uhr (time)	mit dem Bus (manner)	in die Stadt. (place)

At 4 o'clock I'm going into town by bus.

38 The imperative

a The imperative is used to give orders or instructions, or to express requests. In the imperative the verb always comes first in the sentence:

Mach die Tür zu!   *Close the door!*
Gib mir bitte die Butter!   *Please pass me the butter.*

b When adressing someone as **du**, the imperative form of both regular (weak) and irregular (strong) verbs is the same as the **ich** form, but the **du** is dropped:

Ich mache die Tür auf. → **Mache** die Tür auf! *Open the door!*
Ich rufe ihn an. → **Rufe** ihn an! *Give him a call!*

c When adressing someone as **ihr**, the imperative is the same as the present tense form with the verb in front, but **ihr** is dropped:

Ihr macht die Tür auf. → **Macht** die Tür auf! *Open the door!*
Ihr ruft ihn an. → **Ruft** ihn an! *Give him a call!*

d When adressing someone as **Sie**, the imperative is the same as the present tense form with the verb in front, however the **Sie** is not dropped:

Sie machen die Tür auf.   →   **Machen Sie** die Tür auf!   *Open the door!*
Sie rufen ihn an.   →   **Rufen Sie** ihn an!   *Give him a call!*

39 Relative clauses

a Relative clauses are subordinate clauses. They are introduced by a relative pronoun (*who* or *which* in English) which sends the verb to the end of the sentence:

Das ist der Lehrer, **der** sehr nett ist.
That's the teacher who is very nice.

Der Lehrer, **der** sehr nett ist, unterrichtet Mathe.
The teacher who is very nice is teaching maths.

b Relative pronouns depend on the gender and number of the noun they refer to. The case relative pronouns take depends on their role in the relative clause:

	masculine	*feminine*	*neuter*	*plural*
nominative	der	die	das	die
accusative	den	die	das	die
dative	dem	der	dem	denen
genitive	dessen	deren	dessen	deren

40 Question forms

To form a question which requires only a **ja/nein** answer, you simply put the verb at the beginning of the sentence:

Sprichst du Deutsch?   *Do you speak German?*

41 Question words

To form a question which requires more information in the answer, you use a question word at the beginning of the sentence followed by the verb:

Wann fährt der Zug nach Bremen?
When does the train to Bremen leave?

Wann?	*When?*
Warum?	*Why?*
Was?	*What?*
Was für?	*What kind of?*
Welche/r/s?	*Which?*
Wer?	*Who?*
Wie?	*How?*
Wie lange?	*How long?*
Wieviel?/Wie viele?	*How much?/How many?*
Wo?	*Where?*

Starke Verben

*Verbs which always take **sein** in the perfect and pluperfect tense.

Infinitive	Present	Imperfect	Perfect	English
beginnen	beginnt	begann	begonnen	to begin
beißen	beißt	biß	gebissen	to bite
biegen	biegt	bog	gebogen	to bend
bieten	bietet	bot	geboten	to offer
binden	bindet	band	gebunden	to tie
bitten	bittet	bat	gebeten	to ask
blasen	bläst	blies	geblasen	to blow
bleiben	bleibt	blieb	geblieben*	to stay
brechen	bricht	brach	gebrochen	to break
brennen	brennt	brannte	gebrannt	to burn
bringen	bringt	brachte	gebracht	to bring
denken	denkt	dachte	gedacht	to think
dürfen	darf	durfte	gedurft	to be allowed to
empfehlen	empfiehlt	empfahl	empfohlen	to recommend
essen	ißt	aß	gegessen	to eat
fahren	fährt	fuhr	gefahren*	to go, travel
fallen	fällt	fiel	gefallen*	to fall
fangen	fängt	fing	gefangen	to catch
finden	findet	fand	gefunden	to find
fliegen	fliegt	flog	geflogen*	to fly
fliehen	flieht	floh	geflohen*	to flee
fließen	fließt	floß	geflossen*	to flow
frieren	friert	fror	gefroren	to freeze
geben	gibt	gab	gegeben	to give
gehen	geht	ging	gegangen*	to go
gelingen	gelingt	gelang	gelungen*	to succeed
genießen	genießt	genoß	genossen	to enjoy
geschehen	geschieht	geschah	geschehen*	to happen
gewinnen	gewinnt	gewann	gewonnen	to win
graben	gräbt	grub	gegraben	to dig
greifen	greift	griff	gegriffen	to grasp
haben	hat	hatte	gehabt	to have
halten	hält	hielt	gehalten	to stop
hängen	hängt	hing	gehangen	to hang
heben	hebt	hob	gehoben	to lift
heißen	heißt	hieß	geheißen	to be called
helfen	hilft	half	geholfen	to help
kennen	kennt	kannte	gekannt	to know
kommen	kommt	kam	gekommen*	to come
können	kann	konnte	gekonnt	to be able to
laden	lädt	lud	geladen	to load
lassen	läßt	ließ	gelassen	to allow
laufen	läuft	lief	gelaufen*	to run

Infinitive	Present	Imperfect	Perfect	English
leiden	leidet	litt	gelitten	*to suffer*
leihen	leiht	lieh	geliehen	*to lend*
lesen	liest	las	gelesen	*to read*
liegen	liegt	lag	gelegen	*to lie*
lügen	lügt	log	gelogen	*to tell a lie*
meiden	meidet	mied	gemieden	*to avoid*
mißlingen	mißlingt	mißlang	mißlungen*	*to fail*
mögen	mag	mochte	gemocht	*to like*
müssen	muß	mußte	gemußt	*to have to*
nehmen	nimmt	nahm	genommen	*to take*
nennen	nennt	nannte	genannt	*to name*
raten	rät	riet	geraten	*to guess*
reiten	reitet	ritt	geritten	*to ride*
reißen	reißt	riß	gerissen	*to rip*
rennen	rennt	rannte	gerannt*	*to run*
rufen	ruft	rief	gerufen	*to call*
saugen	saugt	saugte	gesaugt	*to suck*
scheiden	scheidet	schied	geschieden*	*to separate*
scheinen	scheint	schien	geschienen	*to shine*
schlafen	schläft	schlief	geschlafen	*to sleep*
schlagen	schlägt	schlug	geschlagen	*to hit*
schließen	schließt	schloß	geschlossen	*to shut*
schneiden	schneidet	schnitt	geschnitten	*to cut*
schreiben	schreibt	schrieb	geschrieben	*to write*
schreien	schreit	schrie	geschrieen	*to cry*
sehen	sieht	sah	gesehen	*to see*
sein	ist	war	gewesen*	*to be*
senden	sendet	sandte	gesandt	*to send*
sitzen	sitzt	saß	gesessen	*to sit*
sollen	soll	sollte	gesollt, sollen	*ought to*
sprechen	spricht	sprach	gesprochen	*to speak*
stehen	steht	stand	gestanden*	*to stand*
stehlen	stiehlt	stahl	gestohlen	*to steal*
steigen	steigt	stieg	gestiegen*	*to climb*
sterben	stirbt	starb	gestorben*	*to die*
stoßen	stößt	stieß	gestoßen	*to push*
streichen	streicht	strich	gestrichen	*to paint*
tragen	trägt	trug	getragen	*to carry*
treffen	trifft	traf	getroffen	*to meet*
treiben	treibt	trieb	getrieben	*to do*
treten	tritt	trat	getreten	*to step*
trinken	trinkt	trank	getrunken	*to drink*
tun	tut	tat	getan	*to do*

Infinitive	Present	Imperfect	Perfect	English
überwinden	überwindet	überwand	überwunden	*to overcome*
vergessen	vergißt	vergaß	vergessen	*to forget*
verlieren	verliert	verlor	verloren	*to lose*
verschwinden	verschwindet	verschwand	verschwunden★	*to disappear*
verzeihen	verzeiht	verzieh	verziehen	*to pardon*
wachsen	wächst	wuchs	gewachsen★	*to grow*
waschen	wäscht	wusch	gewaschen	*to wash*
weisen	weist	wies	gewiesen	*to show*
wenden	wendet	wandte	gewendet	*to turn*
werben	wirbt	warb	geworben	*to advertise*
werden	wird	wurde	geworden★	*to become*
werfen	wirft	warf	geworfen	*to throw*
wiegen	wiegt	wog	gewogen	*to weigh*
wissen	weiß	wußte	gewußt	*to know*
ziehen	zieht	zog	gezogen	*to pull*

Wortschatz Deutsch–Englisch

This vocabulary contains all but the most common words which appear in the book, apart from some words which appear in the reading materials but which are not essential to understanding the item. Where a word has several meanings, only those which occur in the book are given. Verbs marked ★ are irregular; those marked † take **sein** in the perfect and pluperfect tense. Check these in the verb tables.

Abbreviations: *sing.* = singular form; *pl.* = plural form; *sep.* = separable verb. Plural forms are indicated in brackets.

ab und zu sometimes
der Abfall(¨e) rubbish
das Abitur *sing.* German A levels
abkommen★† *sep.* to come off
absolut absolutely
abtrocknen *sep.* to dry
die Ahnung(-en) knowledge
die Allergie(-n) allergy
die Altstadt(¨e) old part of town
das Andenken(-) souvenir
der Angeber(-) braggart
angeberisch boastful
das Angebot(-e) offer
angenehm pleasant
die Angst(¨e) fear
angucken *sep.* to watch
anklopfen *sep.* to knock
ankommen★† *sep.* to arrive
die Anlage(-n) park, plant
die Anmeldung(-en) reception
anprobieren *sep.* to try on
anrufen★ *sep.* to call
die Ansichtskarte(-n) postcard
anstrengend exhausting
antik antique, old
anziehen *sep.* to get dressed
der Anzug(¨e) suit
die Apotheke(-n) chemist's
der Appetit appetite
arbeiten to work
das Arbeitspraktikum (Arbeitspraktika) work experience
das Arbeitszimmer(-) study
arrogant arrogant
der Artikel(-) article, item

der Arzt(¨e)/die Ärztin(-nen) doctor
der Astronaut(-en)/die Astronautin(-nen) astronaut
attraktiv attractive
der Aufenthalt(-e) stay
der Aufenthaltsraum(¨e) common room
aufhören *sep.* to stop
aufnehmen★ *sep.* to record
aufpassen *sep.* to watch out, to look after someone
aufräumen *sep.* to tidy
sich aufregen *sep.* to get annoyed
aufregend exciting
aufstehen★ *sep.* to get up
außerhalb von outside of
der Ausflug(¨e) trip
ausgeben★ *sep.* to spend
ausgehen★† *sep.* to go out
auskommen★† *sep.* to get on with someone
das Ausland *sing.* foreign countries, abroad
die Ausländerfeindlichkeit(-) racism
ausreden *sep.* to finish speaking
ausrutschen *sep.* to slip
aussehen★ *sep.* to look
aussteigen *sep.* to get off
der Austauschpartner(-)/die Austauschpartnerin(-nen) exchange partner
ausüben *sep.* to follow
ausziehen★ *sep.* to get undressed
die Autobahn(-en) motorway

die Bäckerei(-en) baker's
das Badezimmer(-) bathroom
der Balkon(-) balcony

der/die **Bankangestellte(-n)** bank clerk

der **Bauer(-n)/die Bäuerin(-nen)** farmer

der **Bauernhof(¨e)** farm

die **Baumwolle(-)** cotton

die **Baustelle(-n)** roadworks, building site

der **Beamte(-n)/die Beamtin(-nen)** civil servant

der **Becher(-)** pot

sich **befinden**★ to be

das **Benzin(-e)** petrol

bequem comfortable

der **Berg(-e)** mountain

der **Berufsberater(-)** careers advisor

berühmt famous

die **Beschreibung(-en)** description

die **Beschwerde(-n)** trouble

beschweren to complain

besichtigen to visit

das **Bett(-en)** bed

bewegen to move

bewerben★ to apply for

die **Beziehung(-en)** relationship

billig cheap

bleifrei unleaded

das **Bonbon(-s)** sweets

die **Bratwurst(¨e)** fried sausage

brauchen to need

brechen★ to break

bremsen to brake

der **Brieffreund(-e)/die Brieffreundin(-nen)** penfriend

der **Briefkasten(¨)** letterbox

die **Briefmarke(-n)** stamp

die **Brille(-n)** glasses

die **Broschüre(-n)** brochure

das **Brötchen(-)** bread roll

buchen to book

buchstabieren to spell

bügeln to iron

das **Büro(-s)** office

die **Bushaltestelle(-n)** bus stop

die **Buslinie(-n)** bus route

der **Campingplatz(¨e)** camp site

der **Chor(¨e)** choir

die **Clique(-n)** group, gang

der **Computer(-)** computer

der **Dachboden(¨)** attic

decken to lay

die **Diät(-en)** diet

der **Dieb(-e)** thief

der **Diesel(-)** diesel

die **Disco(-s)** disco

diszipliniert disciplined

der **Dolmetscher(-)/die Dolmetscherin (-nen)** interpreter

der **Dom(-e)** cathedral

das **Doppelzimmer(-)** double room

das **Dorf(¨er)** village

die **Dose(-n)** can, tin

der **Durchfall** diarrhoea

die **Dusche(-n)** shower

duschen to shower

die **Ehrlichkeit** honesty

das **Ei(-er)** egg

die **Eigenschaft(-en)** characteristic

die **Einbahnstraße(-n)** one-way street

einfach easy, single

eingebildet conceited

der **Einkaufszettel(-)** shopping list

einladen★ *sep.* to invite

einlösen *sep.* to cash (cheque)

einschlafen★ *sep.* to go to sleep

der **Eintritt(-)** admission

das **Einzelzimmer(-)** single room

die **Eisbahn(-en)** ice-rink

eng tight

engagiert committed

die **Ente(-n)** duck

entfernt far away

die **Entscheidung(-en)** decision

entspannend relaxing

entwickeln to develop

das **Erdgeschoß(-sse)** ground floor

erklären to explain

erlaubt allowed

die **Ermäßigung(-en)** reduction

ernst serious

sich ernst nehmen★   to take someone seriously
der/die Erwachsene(-n)   grown-up, adult
das Eßzimmer(-)   dining room
die Etage(-n)   floor
der Euroscheck(-s)   eurocheque
exotisch   exotic

die Fabrik(-en)   factory
**der Fabrikarbeiter(-)/die Fabrikarbeiterin
  (-nen)**   factory worker
die Fähre(-n)   ferry
der Fahrplan(ːe)   timetable
der Fasching(-)   carnival
faul   lazy
fehlen: wo fehlt's?   what's wrong?
die Ferien *pl.*   holidays
das Ferienapartment(-s)   holiday flat
fernsehen★ *sep.*   to watch television
der Fernsehraum(ːe)   TV room
das Fett(-e)   fat
die Feuerwehr   fire service
das Fieber(-)   fever
die Figur(-en)   figure
der Film(-e)   film
finden★   to find
der Finger(-)   finger
der Fisch(-e)   fish
der Fleck(-en)   stain
das Fleisch *sing.*   meat
fleißig   hard-working
die Fliege(-n)   fly
fliegen★†   to fly
der Flohmarkt(ːe)   flea market
fotografieren   to photograph
das Fotomodell(-e)   model
frech   naughty
die Freizeit   leisure time
das Freizeitzentrum(-en)   leisure centre
die Fremdenfeindlichkeit   racism
die Fremdsprache(-n)   foreign language
freundlich   friendly
der Friede   peace
frieren★   to freeze
früh   early
das Frühstück(-e)   breakfast

die Führung(-en)   guided tour
die Füllung(-en)   filling
das Fundbüro(-s)   lost property office
funktionieren   to function, work

die Garage(-n)   garage
der Garten(ː)   garden
das Gästezimmer(-)   guest room
die Gastfamilie(-n)   host family
geboren★†   to be born
der Geburtstag(-e)   birthday
gefährlich   dangerous
gefallen: es gefällt mir   I like it
das Gefühl(-e)   feeling
gelaunt: gut/schlecht gelaunt   good/bad
  tempered
gemeinsam   together
der Gemüseburger(-)   vegetable burger
das Gericht(-e)   dish, meal
das Geschenk(-e)   present
geschieden★ (from **scheiden**)   divorced
gesund   healthy
die Gesundheit   health
das Gewitter(-)   thunderstorm
die Gitarre(-n)   guitar
die Glatze(-n)   bald head
das Gleis(-e)   platform
gold   gold
das Grillfest(-e)   barbecue party
die Grillwurst(ːe)   barbecue sausage
die Grippe(-n)   flu
groß   big
die Größe(-n)   size, height
die Grundschule(-n)   primary school
gucken   to watch
gut   good

hageln   to hail
die Halbpension *sing.*   half board
das Hallenbad(ːer)   indoor swimming pool
der Hamster(-)   hamster
häßlich   ugly
hassen   to hate
der Hauptbahnhof(ːe)   main railway station
die Hausaufgabe(-n)   homework

das Haustier(-e) pet
die Heimat(-) home, homeland
heimkommen*† *sep.* to come home
heiraten to marry
heißen* to be called
hektisch hectic
helfen* to help
der Heuschnupfen(-) hayfever
die Hilfe(-n) help
hinfallen*† *sep.* to fall down
die Hochzeit(-en) wedding
hoffen to hope
höflich polite
der Honig(-e) honey
das Hotel(-s) hotel
der Humor(-) humour

identifizieren to identify
das Idol(-e) idol
die Imbißstube(-n) snack bar
immer always
das Immobiliengeschäft(-e) estate agent
die Information(-en) information desk
die Insel(-n) island
das Instrument(-e) musical instrument
interessieren: sich interessieren für to be
  interested in

die Jacke(-n) jacket
jammern to moan
jobben to job
joggen to jog
der Joghurt(-s) yoghurt
die Jugendherberge(-n) youth hostel
die Jugendzeitschrift(-en) teenage magazine

die Kabine(-n) changing room
der Käfig(-e) cage
der Kanaltunnel(-) channel tunnel
die Kantine(-n) canteen
kaputt broken
die Karriere(-n) career
die Kartoffel(-n) potato
die Kartoffelchips *pl.* crisps
der Käse(-) cheese

der Kassierer(-)/die Kassiererin(-nen)
  cashier
der Keller(-) cellar
der Kellner(-)/die Kellnerin(-nen)
  waiter/waitress
kennenlernen *sep.* to get to know
der Ketchup(-s) ketchup
das Kinderzimmer(-) children's room
das Kino(-s) cinema
die Kiste(-n) box
die Klamotten *pl.* clothes
die Klassenfahrt(-en) school trip
das Klavier(-e) piano
das Kleingeld *sing.* (small) change
die Kneipe(-n) pub
das Knie(-) knee
der Knopf(ö-e) button
kochen to cook
komfortabel comfortable
die Kommode(-n) chest of drawers
die Komödie(-n) comedy
kompliziert complicated
kontaktfreudig sociable, outgoing
das Konzert(-e) concert
der Kartoffelsalat(-e) potato salad
kostenlos free of charge
das Kraftwerk(-e) power station
der Krankenschein(-e) health insurance
  certificate
der Krankenwagen(-) ambulance
die Kreuzung(-en) crossroads
die Küche(-n) kitchen
der Kuchen(-) cake
die Kuh(ö-e) cow
die Kultur(-en) culture
der Kunde(-n) customer
die Kunst(-) art
die Kunstgalerie(-n) art gallery
der Kurs(-e) exchange rate
kurz short
das Kuscheltier(-e) cuddly toy

der Laden(ö) shop
die Lampe(-n) lamp
das Land (in the) countryside, country

die Landkarte(-n) map

die Landschaft(-en) countryside

lang long

langweilig boring

lassen* to let

lässig cool

laufen*† to run

launisch moody

lebendig lively

der Lebenslauf(¨e) CV

das Lebensmittel(-) food

die Lebensmittelabteilung(-en) food department

das Leder(-) leather

die Lehre(-n) apprenticeship

leider unfortunately

leihen* to borrow

lesen to read

lieben to love

der Liebeskummer(-) lovesickness

Lieblings- favourite …

liegenlassen* *sep.* to leave behind

die Liste(-n) list

locker relaxed

die Lotion(-en) lotion

die Luftpost airmail

lügen* to lie

die Lust: Lust haben auf etwas to fancy something

lustig funny

der Magen(¨) stomach

die Mayo mayonnaise

manchmal sometimes

die Mannschaft(-en) team

die Mauer(-n) wall

die Maus(¨e) mouse

die Mayonnaise(-n) mayonnaise

das Medikament(-e) medicine

die Meinung(-en) opinion

mittelgroß medium-sized

die Mode(-n) fashion

die Modewelt(-en) world of fashion

modisch fashionable

mögen* to like

der Moment(-e) moment

das Motorrad(¨er) motorcycle

müde tired

der Müll *sing.* rubbish

das Museum (Museen) museum

der Muskel(-n) muscle

nachdenklich thoughtful

die Nachhilfe(-n) private tuition

der Nachteil(-e) disadvantage

die Nationalität(-en) nationality

natürlich natural

die Natürlichkeit naturalness

die Natursendung(-en) nature programme

die Naturwissenschaften *pl.* natural sciences

nebenan next door

nehmen* to take

nerven to get on someone's nerves

nett nice

nie never

der Norden north

normalerweise usually

die Note(-n) grade

der Nudelauflauf(¨e) pasta gratin

die Nuß(¨sse) nut

der Ober(-) waiter

oberflächlich superficial

öffnen to open

oft often

der Ohrring(-) earring

das Öl(-e) oil

die Oper(-n) opera

optimistisch optimistic

der Osten east

das Päckchen(-) package

das Parfüm(-s) perfume

der Parkplatz(¨e) parking space, carpark

passen to fit

passend suitable

passieren to happen

die Pension(-en) guest house

der Pessimist(-en) pessimist

die Pfandflasche(-n) bottle with returnable deposit

das Pferd(-e) horse

der Physiker(-) physicist

der Pickel(-) spot

der Pilot(-en)/die Pilotin(-nen) pilot

das Plastik(-) plastic

der Platzvermieter(-) someone renting out
space (on a camp site)

pleite sein to be broke

die Polizei *sing.* police

der Polizist(-en)/die Polizistin(-nen)
policeman/-woman

die Pommes frites *pl.* fries, chips

die Post *sing.* post office

praktisch practical

die Praline(-n) chocolate

die Praxis (Praxen) practice

die Privatschule(-n) private/independent
school

probieren to try

der Programmierer(-)/-in(-nen)
programmer

prüfen to check

rasen to race along

die Raststätte(-n) service station

rauchen to smoke

die Realschule(-n) secondary modern school

die Rechnung(-en) bill

das Recht(-e) right

der Rechtsradikalismus(-) right-wing
radicalism

recyceln to recycle

das Regal(-e) shelf

die Regel(-n) rule

regional regional

der Reifen(-) tyre

der Reifendruck(-) tyre pressure

rein 100%, pure

reinigen to clean

die Reinigung(-en) dry cleaner's

der Reisescheck(-s) traveller's cheque

reiten*† to ride

reizvoll attractive

die Reklame(-n) advertising, advertisement

der Rentner(-)/die Rentnerin(-nen)
pensioner

reparieren to repair

reservieren to book

die Reservierung(-en) reservation, booking

das Restaurant(-s) restaurant

romantisch romantic

röntgen to X-ray

der Rücken(-) back

rufen to call

ruhig quiet

der Sack(ᵉe) bag

die Salbe(-n) ointment, gel

sammeln to collect

satt full

das Schach chess

die Schachtel(-n) box

schädlich harmful

der Schalter(-) counter, (ticket) window/office

der Schauspieler(-)/die Schauspielerin(-nen)
actor/actress

die Scheibe(-n) slice

der Schein(-e) bank note

schick smart, fashionable

schicken to send

das Schiff(-e) boat

die Schildkröte(-n) tortoise

der Schinken(-) ham

der Schirm(-e) umbrella

schlafen* to sleep

der Schlafsack(ᵉe) sleeping bag

das Schlafzimmer(-) bedroom

die Schlange(-n) snake

schlecht bad

das Schloß(ᵉsser) castle

Schluß machen to finish (a relationship)

der Schlüsselring(-e) key ring

die Schmerzen *pl.* pain

schneiden* to cut

der Schnupfen(-) cold

der Schnurrbart(ᵉe) moustache

die Schokolade(-n) chocolate

die Schönheit(-en) beauty

der Schrank(ᵉe) wardrobe

schreiben* to write

der Schreibtisch(-e) desk

der Schriftsteller(-)/die Schriftstellerin(-nen) writer

schüchtern shy

die Schuld *sing.* blame

die Schulordnung(-en) school rules

der Schultag(-e) school day

schützen to protect

schwach weak

schwänzen to play truant

das Schweinekotelett(-s) pork cutlet

schwierig difficult

die Sehenswürdigkeit(-en) sights

der Sekretär(-e)/die Sekretärin(-nen) secretary

selbständig independent

selbstbewußt self-confident

selbstsüchtig selfish

selten rarely

die Sendung(-en) programme

silber silver

Silvester(-) New Year's Eve

sitzenbleiben*† *sep.* to repeat a year at school

Skateboard fahren*† to skateboard

der Skikurs(-e) ski course

das Sofa(-s) sofa

solo alone, without a boy/girlfriend

das Sonderangebot(-e) special offer

die Spaghetti(-s) spaghetti, pasta

sparen to save

die Sparkasse(-n) building society

spät late

spazierengehen*† *sep.* to go for a walk

der Speck(-) bacon

die Speisekarte(-n) menu

der Spiegel(-) mirror

der Spielfilm(-e) feature film

das Spielzimmer(-) playroom

die Spinne(-n) spider

die Sportmöglichkeit(-en) sports facility

der Sportverein(-e) sports club

der Sportwagen(-) sports car

die Sprechstunde(-n) consultation, surgery

die Staatsangehörigkeit(-en) nationality

die Stadt(¨e) town

die Stadtrundfahrt(-en) sightseeing tour

der Staub(-) dust

der Steckbrief(-e) personal description

stehen: auf etwas stehen* to like something

stehlen* to steal

der Stehplatz(¨e) standing room

die Stelle(-n) job, position

Stief- step-

stimmen to be right, correct

die Stimmung(-en) mood

der Stock *sing.* floor, storey

stören to bother

die Strafe(-n) punishment

der Streit(-s) argument

streiten* to argue, to quarrel

streng strict

stressig stressful

studieren to study

der Stuhl(¨e) chair

der Süden south

der Supermarkt(¨e) supermarket

surfen to surf

die Süßigkeit(-en) sweets

sympathisch likeable

die Tablette(-n) pills

die Tafel(-n) bar

das Tagebuch(¨er) diary

tanken to fill up

die Tankstelle(-n) petrol station

der Tankwart(-e) petrol pump attendant

tanzen to dance

das Taschengeld *sing.* pocket money

tauschen to change

die Telefonzelle(-n) telephone booth

der Termin(-e) appointment

die Terrasse(-n) terrace, patio

teuer expensive

das Theater(-) theatre

der Theaterklub(-s) drama group

der Tierpark(-s) zoo

die Tierquälerei(-en) cruelty to animals

tippen to type

der Tisch(-e) table

die Toilette(-n) toilet

toll great

die Tomatensauce(-n)   tomato sauce
traditionell   traditional
der Trainingsanzug(¨e)   tracksuit
das Transportmittel(-)   mode of transport
sich trauen   to dare
der Traumberuf(-e)   dream job
träumen   to dream
der Travellerscheck(-s)   traveller's cheque
trennen   to separate
der Tropfen(-)   drop
tschüs, tschüß   'bye
die Tüte(-n)   bag
der Typ(-en)   type

übernachten   to spend the night
übrigbleiben*† sep.   to be left
die Uhr(-en)   watch
die Umgebung(-en)   surrounding
umsteigen*† sep.   to change
umtauschen sep.   to change
die Umwelt(-)   environment
umweltfeindlich   environmentally unfriendly
umweltfreundlich   environmentally friendly
der Umweltschutz(-)   environmental
   protection
die Umweltverschmutzung(-en)
   environmental pollution
unbequem   troublesome
unbeschreiblich   indescribable
der Unfall(¨e)   accident
unfreundlich   unfriendly
ungeduldig   impatient
ungesund   unhealthy
das Unglück(-e)   accident
die Uni(-s)   university
unpünktlich   late
die Unterkunft(¨e)   accommodation
die Unterschrift(-en)   signature
untersuchen   to examine
unterwegs   on the road

der Vegetarier(-)/die Vegetarierin(-nen)
   vegetarian
die Veranstaltung(-en)   event
der Verband(¨e)   dressing

verboten* (from verbieten)   forbidden
verdienen   to earn
vergleichen*   to compare
sich verhalten   to behave
der Verkäufer(-)/die Verkäuferin(-nen)
   sales assistant
der Verkehr(-)   traffic
das Verkehrsamt(¨er)   tourist information
   office
das Verkehrsbüro(-s)   tourist information
   office
verlassen*   to leave
sich auf etwas verlassen*   to rely on
   something
verletzt   injured
der/die Verletzte(-n)   injured person
verlieren*   to lose
vernünftig   sensible
verschreiben*   to prescribe
verstehen*   to understand
sich mit jemandem gut verstehen*   to get on
   well with someone
vertrauen   to trust
der/die Verwandte(-n)   relative
die Verwarnung(-en)   warning
die Videokamera(-s)   video camera
das Vollkornbrot(-e)   wholemeal bread
die Vollpension sing.   full board
volltanken sep.   to fill up
das Vorbild(-er)   idol
die Vorfahrt sing.   right of way
vorhaben* sep.   to intend (to), to plan
die Vorstellung(-en)   showing, performance
der Vorteil(-e)   advantage

wählen   to choose
der Wald(¨er)   forest
die Wand(¨e)   wall
wandern†   to hike
sich waschen*   to get washed
die Waschmaschine(-n)   washing maschine
der Waschraum(¨e)   washing facilities
wechseln   to change
weh tun   to hurt
weit   far, wide

der Westen west

der Wetterbericht(-e) weather report

wichtig important

der Wochentag(-e) week day

das Wohnmobil(-e) camper van

der Wohnwagen(-) caravan

das Wohnzimmer(-) living room

wolkig cloudy

die Wolle(-) wool

die Wurst(¨e) sausage

das Würstchen(-) small sausage

zeichnen to draw

**der Zeitungsausträger(-)/die
Zeitungsausträgerin(-nen)** paper delivery
boy/girl

das Zelt(-e) tent

zelten to camp

zickig prickly

die Zigarette(-n) cigarette

zufrieden satisfied, happy

der Zug(¨e) train

die Zukunft *sing.* future

die Zunge(-n) tongue

der Zwillingsbruder(¨) twin brother

DEUTSCHLAND

0   50   100 km

0   25   50   75 Meilen

N
W + O
S

Nordsee

Ostsee

Kiel •

SCHLESWIG-
HOLSTEIN

• Rostock

BREMEN

MECKLENBURG-
VORPOMMERN

Hamburg

• Schwerin

HAMBURG

Bremen
•

BRANDENBURG

Elbe

NIEDERSACHSEN

Berlin • ▪ BERLIN

• Hannover

Magdeburg
•

Potsdam
•

SACHSEN-ANHALT

NORDRHEIN-WESTFALEN

Düsseldorf
•

Leipzig
•

S A C H S E N

Rhein

Erfurt
•

Dresden
•

HESSEN

T H Ü R I N G E N

Chemnitz
•

Mosel

Wiesbaden
•

Frankfurt
•

Main

Mainz
•

RHEINLAND
-PFALZ

Rhein

Nürnberg
•

Saarbrücken
•

B A Y E R N

SAARLAND

Donau

Stuttgart
•

BADEN-
WÜRTTEMBERG

München
•

Inn

Grammatikverzeichnis ●

Many of the grammar points have exercises in the **Grammatik** sections to reinforce and practise them. The number given in brackets after the page reference indicates the number of the relevant exercise.